麗しい生き方

たおやかな花のように

華道家元四十五世
池坊専永

本書は、二〇一〇年十一月九日にＰＨＰ研究所から発刊されたものを、二〇一六年七月に日本華道社が出版権を譲受し、本文以外を一部修正して、新たに発刊するものです。

はじめに

このたびＰＨＰ研究所から、現代女性が美しく生きるための示唆《しさ》となるようなエッセイをお願いされました。かつて同社より、『花よりもなお美しく』というエッセイを発刊したことがあります。四半世紀たった今、その本を読み返してみますと、今も通じるものもあれば、失われてしまった美風もあり、あらためて時代の流れを感じます。

池坊は、いけばな界では最古の歴史をもち、室町時代に書かれた『碧山日録《へきざんにちろく》』の寛正三（一四六二）年二月二十五日のページには、「春公という人物が自宅に（池坊）専慶《せんけい》を招き、数十枝の草花を金瓶に挿してもらったところ、洛中の風流人が押し寄せ、皆感嘆した」という記録が載せられています。このころから、花の名手として池坊の名前は都中に広がっていました。

特に池坊の名前を世に広めたのは池坊専応《せんのう》という家元で、「いけばなは、美しい花を愛《め》でるだけではなく、野山水辺に生える自然の姿を花瓶の上に表現し、その草木が生えてきた背景までをも感じさせるものである」と言いました。それを「よろしき面影」という言葉であらわしています。

この言葉は、人間にもあてはまるのではないでしょうか。美しい人が美しく見えるのは当たり前のことです。しかし、ご高齢の門弟の方にお会いしたとき、ちょっとした仕種や言葉遣いに、何とも言えない若々しさや艶っぽさを感じるときがあります。

これは、目にはっきりと見えるものではありません。また、その方が意図的にされた所作でもありません。喜びも悲しみも、歩んで来られた人生すべてをご自分のなかで昇華された結果として、浮かびあがってきたものではないでしょうか。

本書は、私がいけばなをとおして、あるいは、人と人との対話のなかで感じたことを綴《つづ》ったものです。若い読者のなかには、古臭いと感じるものもあると思いますが、それらは、日本人が美徳として現代にまで大切に守ってきたものでもあります。

本書を一読されることによって、新たなものの見方や考え方が生まれ、今後の人生への一助にでもなれば幸いです。

華道家元四十五世　池坊専永

麗しい生き方
たおやかな花のように

目次

はじめに

序　章　運命は、ある日突然まわり出すもの

第一章　花の力

第二章　美しさとは何か

第三章　バランスをとること

第四章　和の作法

第五章　自分を見つけるということ

第六章　古くて新しいもの

付章　父と娘の往復書簡

いけばな作品　池坊専永
撮影　木村尚達ほか
装丁　宮坂佳枝
イラスト　『挿花百規』より

序章◆運命は、ある日突然まわり出すもの

花を生けることしか知らない私

古いしきたりは、かすかな残り香でしかないのでしょうか。

芸事の世界には、今なお「家元」という、古い制度が厳然と存続しています。いけばなも、その一つと言えるでしょう。

渦中にいる私が、その善《よ》し悪《あ》しを定義することは、自分の存在そのものを全肯定するか、あるいは全否定することにつながるわけです。これは具合が悪い。このような古い制度をもついけばなのなかにも、現在に少しは役に立つ、生きるうえでの手がかりになるものが多少はあることを、お伝えしたいのです。

いつか消え去るとしても、それはそれで時の流れでしょう。逆らうわけにはいきません。

しかし、人間というものは、迷ったときには、古いしきたりに手がかりを求めるようです。特に、文化と名のつくものを何でも手にし、それらを自由に求めて飛び立てる状況になると、次にほしくなるのは人の心なのかもしれません。とはいえ、人の心は思うにまかせないもの。

気づいて、にわかにあわてた人々が、一寸先はまさに闇《やみ》のなかで後ろを振り返る。するとそこには、相も変わらず、取り残されたままの姿で花を生けている者が見える。枝ぶりに精神を集中させ、下から上、上から下へと視線を動かしているその姿には、忙しい世の動きが一瞬止まった感さえある。

その当人である私は、おもしろくもおかしくもありません。花を生けるしか、術《すべ》がないのです。私のことを哲学者とも実業家とも、誰も言いません。せいぜい六角堂《ろっかくどう》という、ビルに囲まれた京都の町なかの小寺の住職。暇にまかせて花を生けているのかと思う程度でしょう。

本人も、いつ家元の肩書を頂いたかよくわからないくらいで、私がたまに人様に差し上げる名刺には「池坊専永」の四文字しかありません。

逆に、それだから本人はかなり苦しい。なにせ池坊家は、家族は別として私一人です。助けを呼ぼうにも、上を向けば広い空ばかり。いかにやさしい空が広がっているとはいえ、これればかりは即座に返事はありません。仕方がないからまた座して、経を読み、ふと思い立って花を生けるのです。

いうなれば、古い家族制度のなかの一家の主のようなもの。主はいばってはいるが、自身は非常に孤独であることを、年輩の方ならご承知ではないでしょうか。おまけに、家庭がうまく運んでゆくように気配りも必要。つらいときには、ひたすら天を仰ぐ。考え込む。私の場合、たまたま花があって、花に悩みごとを打ち明けているだけかもしれません。

私は、人から「経営者」とも評されることがままあります。しかし、私はけっしてそうは思っていません。ただ、祖先から受け継いだ、花を生ける行為を誠実に守り、もし次代へ伝えることがいく分かでもあるならと、今日まで歩いてきました。

これが私の、ありのままの本心なのです。

小学校五年生で道が決まった

私は昭和八（一九三三）年七月二十一日、京都の病院で、父専威《せんい》と母静子の間に長男として生まれました。比較的小柄で、健康な赤ん坊だったそうです。池坊家に生まれた男子には、必ず「専」の字がつけられ、私は専永《せんえい》と名づけられました。

父専威は、当時若宗匠であり、四十三世祖父専啓《せんけい》のもとで、華務《かむ》（いけばなに関わるさまざまの業務）を統括し、また六角堂住職としての修行も行なっていました。

物心ついたころの日本は、第二次世界大戦へ向けてひた走ろうとする日々でしたから、ささやかな町なかの寺にもなにがしかの影響はあったように思います。日々の暮らしは質素を旨としていたし、父の躾《しつけ》は厳しいものでした。といっても、手を振り上げるわけではありません。背の高い、がっしりした体格をした姿が、常にまっすぐな姿勢で存在していました。父は六角堂と市内中心から離れた自宅とを行き来し、そこで家族とのふだんの生活が続いていていました。

食事の折には、必ず父を待ちます。父が座り、箸《はし》を手にするまでじっと待つ。わが家の自然のしきたりでした。

誰に対してもあいさつを返すことを教えられました。

「ごきげんよう」

それが、頭を下げるときの言葉でした。

私が六角堂のすぐそばにある国民学校に入ってからも、学校が終わると六角堂に立ち寄り、父にあいさつして自宅に戻っていました。

終戦を迎える前年の昭和十九（一九四四）年四月十一日、祖父専啓が亡くなりました。それにともない、父専威が紫雲山《しうんざん》頂法寺《ちょうほうじ》（六角堂）住職と四十四世家元を継承しました。

翌年、空襲のなかった京都でも、万一に備え、連日防空演習が行なわれていました。五月、父は訓練による寒中防空壕生活をしたのがもとで、風邪をこじらせ、急性肺炎になってしまい、わずか一週間後に、母の看病もむなしく世を去りました。

五月二十三日のことです。

そして八月、終戦。

何もかもあわただしく、悲しむことさえ忘れていたように思います。私は小学校五年生になったばかりでした。

住職と家元の座を、急遽《きゅうきょ》十一歳の私が継ぐことになりました。それまで私は、父からいけばなも経も教えられたことはありません。何もわからず、呆然《ぼうぜん》としていました。肉親、いや人が死ぬことの意味を知っていたかどうか。一年前の祖父の死は、それなりに天寿をまっとうしたものでした。しかし、まだ四十代の父は健康であり、いつも静かな姿で私のそばに立っていたのです。その父がいなくなったという実感は、母にも私にも湧《わ》きませんでした。

葬儀の日、母とともに、途方に暮れた十一歳の私の小さな姿がありました。

まもなく初夏の祭りが来る。父はいつも笑顔で祭りに行くことを許してくれた。また父のその声が聞けるはずだ。何度も信じようと思いました。

取り残された私の前には、父がこよなく愛した美しい自然が広がっていました。散歩の折に、夕涼みの折に、自然の草花を何気なく見つけることを、私はいつの間にか

右：本堂が六角宝形造であることから「六角堂」の名で親しまれる境内。
左上：平安時代から縁結びの柳として伝わる六角堂の柳。
左下：平安京の中心にあたるとされた六角堂の「へそ石」。

覚えていたのです。比叡山の僧として厳格な生き方をした父の、思いもかけない愛情が私に残した遺産でした。

同年、得度。見事にかわいい小坊主にさせられました。

昭和二十一（一九四六）年には、六角堂を継ぐ修行のため、大津市坂本にある比叡山延暦寺経営の中学校に入学しました。そこは、天台宗の寺院の子弟が、学業とともに僧侶としての修行を積むために通ってくる学校でした。

入学すると同時に、私は母のもとから離れ、中学のある坂本慈照院（現・観樹院）に預けられました。兄弟子とともに日常生活を送り、週末だけ、母のもとに戻る生活が始まったのです。

修行は大変厳しく、思い出すのはいつも、かじかんだ冷たい手の感触です。中学三年の兄弟子と同じように早朝起きて清掃し、水を汲《く》み、二人でてんびん棒を担ぎます。大きい先輩と小柄な私が二人、両端をよいしょともち上げる。自然と桶《おけ》はどっと下がり、私は水をかぶる。一方は青年、一方は中学一年の少年です。三年間の体格差は大きいものでした。

昭和20(1945)年9月、得度姿の著者。

坂本は、前が琵琶湖、後ろが比叡山、夏は涼しいけれど冬の寒さは非常に厳しい地でした。今のような水洗便所はありません。寺の便所も清めます。夏には蛆《うじ》がわく。用を足せば、はね返ることもある。情けないと思う間もなく登校し、授業を受けます。下校すれば、僧としての修行が待っていました。

反抗期になる余裕など、とてもありませんでした。

比叡山を坂本から登ると、やがて視界が広がり、京都の町を見渡せます。その場所によく私は行きました。明るい日も、雪が舞う日も、京都はそのなかで静かでした。母に会いたい。涙が溢《あふ》れそうになって、暗くなった山道を下る日々でした。

父は、私が何一つ聞く暇もなく、ある日突然旅立ってしまいました。進むべき道はもう決まっていて、私は自分のなかにあるものを自分自身で見出し、道を求めなければならなかったのです。その道をいかにしてたどるか、それが私の義務でした。

決められた道しか歩けないのは、考えてみれば情けないことかもしれません。

けれども私は、親から与えられた道を置き去りにして飛び立つことが、どうしてもできなかった。あの厳格な父が、途方もなくやさしい表情をして向き合う自然に、ど

うしようもなく興味があったからでしょう。おだやかに、花を生ける父の気持ちがどういうものであるのか、知りたいと思いました。

そうして跡《あと》を継いだものの、私は長らく名ばかりの家元でした。池坊の実権は私になく、他人の指示どおり生けた花を、家元の名で展示していたこともあります。それでもひたすら、花を生けることで、〝花を生ける心〟とは何かを模索し、

「いつか、自分の花を生けたい」

と願い続け、ずいぶんあとになって、ようやく自分の道を歩み出したのです。

どうすれば、自分の生き方を定めることができるのでしょうか。私は、花を生けることしか知りません。

けれども、花を生ける心をとおして、なにがしかの生きる道しるべを伝えることができると思うのです。

第一章 ◆ 花の力

花に教えられること

新しい時代のうねりのなかでは、当然それらに対応していかなければならないことがあります。いけばなのあり方も例外ではありません。明治に入って、いけばなが女学校で取り上げられたことがありました。自然と、いけばなのなかに「先生」と「生徒」という、教える者と教えられる者との関係ができあがりました。

いけばなを教えておられた高齢の先生がお亡くなりになったとき、弔辞を依頼されることがありますが、私はそのとき、その方を先生とは呼ばずに「〇〇師」と呼びます。

その昔、池坊の歴代の宗匠は、いけばなを教えようと思って生けていたわけではないようです。ただ花が美しいから生けてみよう、仏様にお供えすれば、さぞかしお喜びになるであろう、それだけの気持ちだったのではないだろうかと思います。

花を拠《よ》り所にしていると、なぜだか自分の心がなごみ、喜びも悲しみも、手向《たむ》けた花が吸い取ってくれて無心に返ることができます。花との禅問答のようなものでしょ

う。それが、花との対話でした。とてもとても教えるというような代物ではなかったのではないかと思います。

一人、二人と、花を生ける後ろ姿に魅《ひ》かれて人が集まる。見慣れた花であれば、「私もこの花を存じております」と、会話が始まる。その話を耳にして、また人が寄って来る。

「私は、別の花を見つけてきましたが……」

「それでは、こちらに挿してみたらどうだろう」

このような、何気ない触れ合いのなかから、いけばなは大きく育っていったと思うのです。

小さな部屋の隅の、あるいは化粧室のなかのコップの花でもよいでしょう。ふと見かけ、きれいだなと思ったとき、人と花との出合いが始まります。興味をもてば、花の由来を、あるいは生けた人の顔を、あるいは出合いの瞬間に感じた自分の心を黙ってたどっていくでしょう。

ある日のこと。池坊のビルのなかを、一人の若者が一本のスイセンをもち歩いていました。途方に暮れたように、両手で大事そうに捧げもっています。

「どうしたの」

と、声をかけると、ジーパンにサンダル姿の若者の頬が少し赤らみました。

「あちらにあったのですが……」

どうしたらよいかと困ったような様子を見て、私はつい、微笑《ほほえ》みました。

「使うからもらおう」

「ありがとうございます。できるだけ早く生けてやってください」

最敬礼して、あわてて飛び出して行きました。気恥ずかしかったのでしょうか。

おそらく彼は、両手にもった花のぬくもりから何かを感じ、大切に思ったのでしょう。花の鼓動が聞こえたのかもしれません。誰も、若者に教えたわけではありません。

花が人を呼んだのでしょう。

昔も今も、人の心はそうは変わっていないのだと安堵《あんど》した瞬間でした。かつての宗匠たちも、ただひたすら生けるだけで、教えるなどとはひと言も言わずじまいでいたのだと思うのです。

私もまた、花をとおして人に何かを教えるということは、とうていかなわぬ行為であると考えています。現実には「先生」と「生徒」という関係ができあがっていたとしても、根底にこの気持ちを忘れずもっていれば、先生と生徒は、同じ視点に立てるのではないでしょうか。

そのときはじめて、花も生きてくるのだと思います。

花は、人の背から盗んで学ぶ。教えて教えきれるものではないし、逆説的に言えば教えるほどのものもないのです。

いけばなは、花が人に何かを教えてくれるものです。人が人に花を教えるものではありません。

花が教えてくれた何かに感動し、共鳴して、そこに人と人とのつながりが生まれるのです。

曼殊院門跡にて花を生ける著者。

花を求める心

私が三十代の半ばごろ（一九六〇年代）、いけばなが大流行しました。善し悪しは別にして、おかげで池坊も大きくなりました。あのころの若者たちは、なぜいけばなのような古いものに興味を抱いていたのでしょう。

当時は「心」という言葉が、ずいぶん氾濫《はんらん》していたようでした。私も、「いけばなの心とは」と、問われたり、奈良の古い仏寺の高僧が心のあり方を説教したりと、「心」はさまざまなところで取り上げられ、とてもにぎやかでした。

バブル以前の、日本が高度経済成長を遂げつつある時代でした。

私が提唱した暮らしのなかでのやさしい花、誰もがすんなり受け入れることができる自然ないけばなも、それらの「心」とともにおおいに受け入れられたのです。

わが国の繁栄のために、社会も経済も文化も、とりあえずは力を全部出しきってみよう。当時は、山盛りの料理を見て辟易《へきえき》することもなく、大喜びでわれ先にとつまみ食いする感がありました。なくなればまた次から次と、新しいものを継ぎ足すことが可能でした。

思えば、よき時代であったのかもしれません。

私もまた、花を生けるという行為のなかで日ごろ思っていたことを、私なりにテレビや書物で語りました。少しでも、伝統のなかにある日本人の素直な気持ちを伝えたいと願ったからです。

何も難しいことはない、平凡な日常生活のなかで根づいてきたやさしい心遣いを知ってもらえたら、いつの日か若者が花を生ける楽しさをわかってくれるだろう。素直な、飾らない生き方を伝えたい、と思ったのです。それこそが、花の心であると感じていました。

大きな波のうねりのように、時代はバブルの絶頂期を迎え、やがて波は浜辺で消えていきました。浜辺に打ち上げられたものが、貝殻と海草だけならよかったものを、空き缶から家具まであったという感じで、人々は途方に暮れてしまった。波乗りに興じていた若者も、年を取った。

漆器の花器に、ナズナとユリの取り合わせ。

ところで、高度経済成長期に騒いでいたのは何だったのでしょうか。しきりに「心」を問いかけた人々も、すでに亡くなられた方が多く、私としても言わんとしたことの、細かいひだまで深く立ち入ることもなく上滑りしていたのでしょう。さて、といくら考えても答えは出てきません。

日本人が日本人として在《あ》るためには、どう処していけばよいのでしょうか。一過性のブームに乗りやすい国民性はきれいに捨て去るべきなのでしょうか。誰もが忘れたようになってしまった人の心とは、美しさとは、やさしさとは……。

おそらく、今、皆が改めて「心」を探し求めている気がします。

私の心の拠り所は、花です。何十年も、抵抗なく見続けてきた花は、私の人生を、まだあるかもしれないささやかな未来への希望を、語ってくれます。

当時の、心に対する一種のブームは、もしかすると限りなく広がった日本人の視界のごく一部、盛りだくさんの観光ガイドのようであったのかもしれません。現実に行ってみると、写真で見たものとは大違いであったことに、疲れ果てた人々は気づいたのでしょうか。

大波が去った浜辺で、私たちは再びふだんの生活を見直そうとし始め、平凡な生の営みのなかに、本来人間がもっている人へのいたわり、やさしさがあることに、ようやく気づき始めたのかもしれません。

花を生ける人々のなかにも、ブームに乗った人、相変わらず昔ながらのつつましい教えを続けてきた人など、それは人さまざまです。

しかし、砕けた波はもとには戻りません。

打ち上げられ、残されたものを、どうしてこのようになったのかと自らに問いながら拾い集めることが、私たちの役割です。

あるいは、また来る波のために、今度こそはじっくりと腰を据えてかかることが必要でしょう。

おそらく、いけばなの歴史はそのようなくり返しであったのではないかと思います。

人間の身勝手な環境破壊のせいで、自然ですら、砂のように両手から落ちてゆこうとしています。それを取り戻す術は、一人ひとりの心のありようにかかっています。

忘れてしまった人の心のぬくもりを、それぞれがもう一度温めることから始めなければなりません。一度冷えたものは、容易に戻らないのだということを覚悟して。
あわてぬことだと思うのです。

生けることから学ぶこと

日々忙しさに追われていると、自然から遠ざかりがちになります。

雨が降り続いていたある日、見慣れているはずの庭のなかに、しみじみとした趣《おもむき》があることに気づきました。

軒端《のきは》を透かして見る雨足は、ときに激しく、白く庭木をたたいています。ついこの間まで炎天にあえいでいたカエデの葉先からは水滴が落ちて、池のコイがそのしずくを追うように群れ、弧を描いて泳いでいる――。

花を生ける心は、自然を見る目につながっています。心のないところに自然は存在しません。

スケジュールに追われ、雨に打たれる庭に自然を感じられないようなときは、形ばかりの花を生けていることになります。

自然は美しい。花はあでやかです。

けれども、この美しさやあでやかさを見出すものは人の心です。実を言えば、庭もいけばなも、自然をそのまま写したものではありません。私たちの内に潜む心がつくり出した形です。私たちの心は必ずしも、目の前にある美しいものの形だけを見ているのではありません。私たちは、木や草を、または石を、生きている生命のひとつながりとして見ているのです。それらは雨に打たれ、風にさらされ、明るい日差しに恵まれることによって色を増し、形を変え、一筋に流れる生命の移りを、その形の上に描き続けます。

あでやかな色彩をもつ花が美しいから花瓶に挿すというのは、いかにも素朴な感情です。それを神や仏に供えようというのも、人情の自然ななりゆきでしょう。しかし、私たちの祖先は、本当に美しいものは、形や色ではないことを知っていました。

木や草がもつ生命の輝きこそが美しいものであり、自然に対応する生命の働きは葉や茎にはっきりとあらわれます。ですから、花を生けるときには葉や茎を添え、ときには、花をつけない茎や葉が、そのままいけばなの素材となることがあるのです。河原《かわら》ナデシコや野路《のじ》菊を見て、人々は、可憐《かれん》な美しさをたたえます。ささやかな枝葉が自然の風雨に耐えて、小さく鮮やかな花をつけている姿に、ともに生きることへの励みを見出すのです。また、野に咲く小さな花を、はかなく、わびしいと思うのは、巨大な力に対する、健気《けなげ》なものの命運を知るからでしょう。さらに細かく見れば、茎のゆがみ、葉先の傾き、花の柄の伸び、花の色にまで、外界に対応して変化した生命の歴史が刻まれています。この一瞬に、外界とのバランスを保つ緊迫した姿勢が見られるのです。

いのちは、止《や》みがたくして刻々に流れている。それを見ると、生きることに対する共感が湧き、感動が高まる。

これが、花を生ける心です。

花を生ける心が形となってあらわれるとき、いけばなは美しいものとしての感動を呼びます。たおやかに、華やかに、わびしく、ときには懐かしく、いけばなに溢れるさまざまな興趣に包まれたいのちが、いきいきとして見る人に伝えられるのです。

松の生きざま

「正月十五日までは松の内」とも言うように、正月の飾りに松はなくてはならないものとなっています。

緑の資源を大切にしようという呼びかけが盛んであったころには、印刷された門松が配付されるようなこともありましたが、いつの間にか昔と変わらない正月風景が見られるようになりました。

門松や正月の床飾りは、いかにも正月らしい気分をつくり出し、私たちの郷愁をかきたててくれます。ともすると儀礼となり形式化して、虚礼廃止の対象となることもありますが、日本人が長い間培ってきた松へのイメージは、大切に残していかなければならないと思います。

人間の豊かな未来への願望と祝福が、あのまっすぐに伸び立つ若松の姿に託されているとも言えるでしょう。

境内の太子堂。聖徳太子自作と伝えられる南無仏が安置されている。

美人を形容して、バラのようなとか、ユリのようななどという表現が使われることがあります。また、木や草や花の美しさを形容するときには、清々《すがすが》しいとか、清楚だなどと表現します。

古くは、竹・梅・蘭・菊を四君子と言い、東洋画の画題として好んで描かれました。植物の美しさのうえに、節義のある高潔な品格を見ていたのです。

この例でもわかるように、花を美しいと見る情緒は、人間のもつ精神的な美しさを思う心がその下地となっているのです。

私たちがひそやかに心に秘めている願い――このように暮らしたい、あのように心豊かな生活を送りたいという願いを無意識に、草や木や花の美しい姿のうえに見出しているとも言えるでしょう。

いけばなは、この願いを草木の形を借りて、よりはっきりと目の前に実現しようとする行ないです。

松は、はじめはまっすぐに伸び立ち、素朴で力強い生長力を見せますが、年がたつにつれてゆるやかな樹形となり、老松ともなると何百年の星霜《せいそう》を偲《しの》ばせる風格を見せます。

野に影を引いて立ち伸びる孤松、尾根に連なる松、白砂の浜辺に下枝をなびかせる松、白波の寄せる岩頭に枝を屈曲させる松。

日本のいたるところにさまざまな姿を見せて生い立つ松の生きざまを見て、私たちの祖先は、寒暑にも色を変えない常盤《ときわ》の松に思いをはせました。人生に引き比べて、風雪に耐える松の姿に節操、貞操の趣を感じ、延命長寿の験《しるし》をも見出したのです。

松は各地に名木があって、それぞれの土地の名所となっており、なかには、「連理《れんり》の松」とか「相生《あいおい》の松」とか呼ばれるものがあります。

「連理の松」とは、二本の松の幹が一つの枝によって連なっている姿で、「相生の松」とは、一つの幹が二つに分かれて互いに呼応して立ち栄えている姿のことです。

「歳寒三友《さいかんさんゆう》」と呼ばれる松竹梅の取り合わせは、めでたいときには欠かせないものであり、さりげなく生けた松とツバキや、松にバラといった取り合わせのいけばなにもどことなく厳粛な祝意を感じます。

かつて、私が若松、センリョウ、菊の三種を取り合わせて生けたとき、紅玉のよう

約3メートルにもおよぶ、松を用いた花展の大作。

なセンリョウの実と白菊の花が鮮やかな対照を見せ、松の緑を浮き立たせるものの、若松の姿がおだやかになってしまい、鋭く伸び立つ若松らしい張りのある姿がなかなかあらわれないことがありました。

そのとき、ふと芭蕉の「松の事は松に習へ」という言葉を思い起こしました。松のように個性が強く、民族的にも好みの強い草木を生けるときには、我を捨てて素材の形に随《したが》うことが一番です。

芭蕉は「造化に随い造化に帰る」ことを説きました。〝造化〟とは、天地や自然の摂理のことで、いけばなで行なえる手近な処理の仕方を例にとるならば、伝統的な見方や技術を離れてあるがままの素材としての松を見つめることです。そうすることで松の美しさが新しい事実として心に映ります。

人が生けた花を真似《まね》て自分も生けた、というのではなく、自分の心に映った松の美しさを発展させていってこそ、人の心を打ついけばなができあがります。

昔と違って、街を歩く若者の格好が多彩になりました。一つの流行にとらわれず、個性のある美しさを際立てようとして、思い思いの服装が選ばれる結果でしょうが、一面には、有名ブランドへの分別を欠いた傾斜があって、人の身なりを見ただけでは、人柄も好みもわからないという場合が多くなりました。

これは、自らを見失っているということなのではないでしょうか。

私は幼いころから立場上いろいろな方に接してきましたが、当時を顧みますと、男性に限っていえば、眼鏡一つにも、その方の地位や人柄がにじみ出ていたように思います。

芭蕉は、

「西行の和歌に於《お》ける、宗祇《そうぎ》の連歌に於ける、雪舟の絵に於ける、利休が茶に於ける、その貫道するものは一なり」

と言っていますが、いけばなにおいても、また、世間一般についても同じことであろうと思います。時やところが変わっても変わらないもの、一筋に貫いているものがあるのです。これを見失っては、せっかく個性的な表現を志しながら、没個性的な結果を見ることになります。

我を捨てるということ、あるいは「造化に随う」ということは、ほしいままの行動をするということではなく、人間がもつ限りないあこがれを見定め、心から自然に溢れ出る素朴な気持ちと、素材のもち味とを重ね合わせて、香気の漂う世界に没入することではないかと思います。

ほのぼのとした香気のなかに、生けた人の個性と志操がにじみ出るようないけばな。私はこうしたところを目指して、いろいろな松を生けていきたいのです。

花を贈る秘訣

花を贈る際には、どんなものがふさわしいのかと尋ねられることがあります。花を生けるにしても、贈るにしても、双方に言えることは、相手のことをこまやかに考えるという、気遣いの心が大切であるということでしょう。

まず、誕生日に喜ばれる花を考えてみましょう。

三月はアクアマリン、五月はエメラルド、九月はサファイアというように、月々のイメージに合わせて選ばれた宝石が誕生石です。誕生祝いにも花がよく贈られますが、誕生花というものが決まっているわけではないので、相手の好きそうな花を選んで贈ることになります。

親しくつき合っている友だちなら、折に触れて好きな花を聞き出すこともできますが、そうしたチャンスのない場合には推測で選ばなければなりません。どんな花でも、贈られて嫌がる人はいないと思いますが、場違いな花であれば、雰囲気を壊してしまいます。相手の好みや住まいの雰囲気などをよく配慮したうえで、贈るようにするとよいでしょう。

花の色は、ピンク、赤、オレンジ、黄色など、華やかな色彩のものがよく、少し年配の方に贈る場合は紫系の花も洗練されていてよいでしょう。なお、白い花は寂しい感じを与えるので、避けたほうがいいかもしれません。

次に、病気見舞いでは、どのような心遣いが必要とされるでしょうか。きれいだからといって、どんな花でももっていけばよいというものではありません。花の選び方には注意してください。

まず、すぐにしおれてしまう花、散ってしまう花は避けなければなりません。たとえばポピーなどは、明るくて愛らしく、いかにも喜ばれそうですが、散り方の早い花なので、あまりすすめられません。

ボタンやシャクヤクも、一見豪華で見舞いの花に向いているように見えますが、水揚げが悪く、贈られたほうで手入れにひどく苦労するかもしれません。かえって迷惑をかけるようなものです。また、華やかすぎて病人の気持ちにはそぐわないでしょう。

さらに、早く治って退院したい病人に、「枯れる」とか「散る」ということを連想させるような花は禁物です。鉢植えにシクラメン、シネラリアなどの花がありますが、これらは花の名前が「死」を連想させて病人にはふさわしくありません。絶対に避けたい種類のものです。そもそも鉢植えの花自体、根がついているため、病院に「根づく」「寝つく」ということを想像させるので控えたほうがいいのです。

結局、みずみずしい切り花がよく、それも季節感にこだわるより、水揚げがよく長もちのする花を選ぶことです。カラー、洋ラン のたぐい、フリージア、ガーベラなどが喜ばれるでしょう。

祝いごとの花にもタブーがあります。

「紅白の幔幕《まんまく》」「紅白の水引」など、お祝いには赤と白がよく使われます。しかし、新築祝いや引っ越し祝いなど家に関する祝い事では、赤という色はタブーです。バラやカーネーションなどの赤い花を贈ろう、と考えたくなるものですが、赤からは赤い炎が連想され、火事とただちに結びついてしまうので、避けなければなりません。一方、鉢ものは「根づく」という意味で喜ばれます。

こんな縁起をかつぐのはどうかと考える人もいるかもしれませんが、お祝いを受ける人に、火事という不吉なことを考えさせるだけでも失礼になるのです。

花を贈ることは、どんな場合でも相手の方への配慮が必要なのです。

花を飾る極意

家に花を飾る人は多いでしょうが、飾り方で心地よく過ごすためのポイントがあります。

まず、トイレ、つまり手洗いは家中で一番清潔で気持ちのよい場所でなくてはなりません。一日はここから始まり、ここで終わります。

「雪隠《せっちん》哲学」とも言われますが、すばらしいアイデアやインスピレーションがひらめくのもトイレです。デカルトが言った「われ思う、ゆえにわれあり」が、もっともよく納得できる唯一の場所だと私は思います。

とにかく、トイレは気持ちよく掃除して、香りのよい美しい花を飾りましょう。

花瓶をトイレの床にじかに置いて飾るより、コーナーのほどよい高さに小さな釣り花器を下げるとか、小さな棚をつくってきれいな容器を置くなどして花を飾りましょう。そのほうが清潔感があります。

ほこりをかぶってすっかり薄汚れた造花が飾られている光景を見ることがあります。これは何かわびしいもの。快適であるべき場所に似合いません。

生の花で、よい香りを漂わせるものを飾りましょう。大げさにならないように一、二輪挿してください。ジンチョウゲ、クチナシ、山ユリ、モクセイなどのような匂いの強い花は、ほかの場所にはあまり適していませんが、トイレにこそ最適です。何気ない心遣いは、その家の奥ゆかしさを感じさせるものです。

花輪の大きなユリは強い匂いが特徴です。病気見舞いに贈ると病人の気持ちをいらだたせることになるかもしれませんが、トイレにはよい香りが漂って適当な花と言えるでしょう。

玄関に季節の花が生けられている光景はうれしいものです。どんなところにでも花は飾れますが、花器が安定し、枝がおさまるだけのある程度の広さは必要です。特に人の出入りの多い玄関では、花や枝にひじが触れてしまって花瓶を壊したとか、花粉が衣類について落ちなくなった、などということが起こりがちです。花粉のつきやすい花は山ユリ、笹ユリなど野生のものに多いのですが、いったんついたらなかなか取れません。ユリはもちろんのこと、どんな花でもゆったりした空間に飾ってこそ見映えがするものです。

また、外と内の両方からながめられるように、二方面から観賞できるように生けた花が理想的です。玄関に入ったお客様が、まずたたきに立ったまま観賞し、帰るとき、今度は靴をはく前に観賞する、というようにです。

それには、壁を利用するのがよいでしょう。壁を背景にして、二方向に花を生けるのです。中心となる枝や花で大体の骨組みをつくり、次にあしらう花を外と内から様子を見ながら挿し加えます。ちょっとした花の向き、葉の動き、枝の流れによっても、いけばな全体の表情がずいぶん変わります。

玄関にもよりますが、豪華な花を格式ばって生けるより、季節感にぴったり合った親しみやすい花を、あっさりまとめたほうが似合うもの。比較的視点も広がり、玄関を明るい雰囲気で彩るでしょう。

暑い日中や寒い戸外を歩いて来られたお客様が、玄関に入ってほっとしたとき、「あら、きれいなお花」と、ふと口にしたくなるような花が飾られていたら、すばらしい玄関になると思います。

テーブルの上に飾る花は、どこからでもながめられ、しかも美しさが感じられる演出がほしいものです。

奈良の興福寺の阿修羅《あしゅら》像をごらんになったことがあるでしょうか。小さな童子の像の、あどけなさと知性が入りまじった顔の表情は本当にすばらしいものです。

顔と手がいくつもあるという奇抜な姿を忘れ、その表情にじっと魅せられてしまいます。さらに、どこからみても美しい。

テーブルを囲む人が大勢であれば、すべての人が観賞できるように、対座する主客が花をながめながら会話できるように生けたいものです。

また、卓上を美しく見せるということもさることながら、テーブルを囲む人たちになごやかさを与えることにも重点を置きましょう。相手の顔が部分的にしか見えないとか、花越しに首を長くして話をしなくてはならないというように、花を丈高く生けたり、量を多く用いたりするのはよくありません。

会話というのは相手の姿を見、目を見てするものです。話と話の接《つ》ぎ穂役として、卓上の花はすばらしい効果を発揮しますが、けっして花が主役であってはいけません。花がただ美しいというだけでなく、卓上の雰囲気を盛りあげ、座る人を楽しませるようなムードが必要です。あまり香りの強い花や刺激的な色の花は避け、あくまでもその場の雰囲気をやわらげるように卓上を飾る、これを心得て生けること。

夏の暑い折には、広口のガラスの器などに花を浮かせて、テーブルのまん中に置いて涼やかさを演出してもよいでしょう。

それでも、テーブルに飾る花は、季節感のある花であれば、ごくありふれた花でよいのです。花は円を描くような気持ちで挿していくわけです。もちろん、卓上の広さに応じて花の大小を決めますが、長方形のテーブルならやや横長に、円形のテーブルなら丸く形をつくっていくようにします。

花は大輪のものより、中輪から小輪のほうが形もつくりやすくなります。それに緑のやわらかい葉を添えると、卓上がいっそう引き立つことでしょう。

第二章　美しさとは何か

教養の身につけ方

畳の縁《へり》や、敷居など、踏むべきものでないものを踏みつけることに、私たち日本人はためらいを感じるものです。ところがいけばなの稽古《けいこ》をしていると、床に落ちた花の切りクズを平気で踏み散らしている人を見ることがあります。

草花を大切に思う気持ちがある人は、道に落ちている一本の草花でもそっと端へ寄せて置くぐらいの心遣いがあるはずです。稽古中に花を踏みつけたり、またいだりなどはけっしてしないもので、また、してほしくないと思っています。そのようなことを学び取っていくのが、いけばなの心を体した本当の稽古というものなのです。

いけばなを稽古する人にとって、草木はたとえそれが切りクズであっても同じように大切なものなのです。だからといって、草木を切ってはいけないとか崇拝しなさいとかいうのではありません。踏みつけることにためらいを感じる心がけをもって、草木を取り扱ってほしいのです。

切りクズを一カ所にまとめておいたり、クズ入れにその都度始末していたりすれば、踏み散らすこともなくなるでしょう。日ごろ、何でもないように思って見過ごしているごく簡単な動作や行動でも、その何でもないことの積み重ねによって、その人の品性や教養の度合いがはかられます。

教養とは、何も学校などでものものしく身につけるものではありません。教育機関で学ぶ学問や知識以外に、平凡な日常生活や自分自身の自覚のなかから自然と生まれて、身につくものなのです。

内面をぜいたくに装う

花を咲かせる樹木のことを花木といいます。枝ぶりもよく、花も見事につけるけれど、残念なことに早春の花木には、いけばなにおいて大切とされる緑の葉がつかないものが多々あります。もちろん葉は花と季節を違えてつくので、まったく裸の枝のままというわけではなく、ただ花と葉のタイミングが合わないのです。

梅、木瓜《ボケ》、マンサク、桃、桜など、春の木の花材はたいていこのたぐいですが、なかでも梅とシダレヤナギが裸のような感じがする最たるものです。いけばなでは、スイセン、ツバキ、ハボタン、ハランなどといった葉の美しい木や草花を取り合わせて、これら裸の枝の物足りなさを補うようにしています。

容姿がいかにも端正で、お化粧が大変上手な女性なのに、話してみると何か物足りなさを感じさせる人に出会うことがあります。外見にふさわしい内容や内面がともなわないからそう思えるのでしょう。花木を用いる折でも、梅やシダレヤナギの裸の枝は葉の美しいもので補い、外見、内容ともにととのえなければ、本当に美しくは見えないのです。内面を磨くために、ひととおりの教養を身につけたいものです。

「お花は鉢植えが一番。だって、水をやるだけですむから」

と合理的に考える人もいることでしょう。鉢植えの花もたしかに美しく、部屋のアクセサリーにはなりますが、そうした考え方では寂しい気持ちがします。

お化粧は多少下手でも、自分で選んだ花を生けて楽しむというゆとりをもった女性に、誰しも心魅かれるもの。つまり、いけばなでいえば枝、花、葉がすべて生け込まれ、三者が調和した美しさをつくり出していてこそ、見るほうも心が休まるというものです。

村田珠光《むらたじゅこう》という茶人は、利休に先立って庶民の茶の湯を創始した人物ですが、その庶民的な茶の境地として、藁屋《わらや》に名馬をつないだようなものがよいと言いました。また、粗末な座敷に立派な道具を置いたのがよいとも言っています。

藁屋に名馬も、粗末な座敷に立派な道具も、ともにそぐわないものですが、両者の醸《かも》し出す情調のなかに、茶の湯のおもしろさを見ようとしたのでしょう。着るものは質素でも、心は豊かにもつべきだということを形にあらわしたものとも言えます。

いけばなに置き直してみると、地味な花器に美しい花を生けるとも、立派な花器に簡素な花を生けるとも解せます。また、外見を派手やかに生けていたずらに美しさを誇るより、表面は多少地味でも、奥の豊かさを想像させたほうが、真の美しさをあらわすことができるとも解せます。

あるいはまた、花と花、花と器、花と場所などが、藁屋に名馬のようにそぐわない取り合わせでも、おもしろい調和が生まれるように生ける、とも取ることができるでしょう。

つまり、表面や外見はどうあろうと、本質をなす心が豊かでなければならないことを教えているのです。現代は総じて外見は豊かに見えても、中身の貧困な時代です。心をぜいたくに保って真の美しさを見つけたいものです。

飾りけのない輝き

遠い思い出のなかに、今も鮮やかな記憶をとどめている光景があります。

商売をしている家が立ち並び、時折駄菓子屋がまじるといった家並みのなかの、一つの家。そこは腰高な飾り窓があって、竹筒にツバキが一輪挿されていました。白いツバキの花が、今開いたばかりの新鮮なはずみを見せて、いきいきとして、それが何ともみずみずしく感じられました。不思議とツバキは、ふくよかな女性を思わせるものがありました。

私たちは、ときに石にさえ、何か特別なものを感じることがありますので、草花のなかに人間的な表情を見出すのは自然なことなのかもしれません。しかし最近は、そうした情感がだんだん薄らいできたようにも思います。

もっとも人間そのものは、表情が一段と豊かになり、ジェスチャーも、おおげさになっているけれど、どことなく、そらぞらしい気がするのです。ときに、女性のお化粧は強烈に思われますし、つくられた表情によって、覆われているかのように感じられることもあります。それがまた一種の流行となり、こう広く氾濫しては、日がな一日、というより、来る日も来る日も芝居のなかで生活しているような錯覚に陥りかねません。

つくられた表情というものは長続きするものではなく、それが崩れ、ふと見せられた素顔の表情は、また格別に味気なく、やりきれないものの一つでもあります。

心のなかに育てた白いツバキの花のイメージは、飾りけのない清純な輝きをますます増していますが、今思えば、それは素顔そのものの美しさだったのでしょう。

私は、心を許した人たちが見せ合う素朴な素顔こそが美しいと思います。

人が人の心を思うとき

ワスレナグサ、この可憐な草花は、たくましい洋花に淘汰《とうた》され、今日の自然のなかにはめったに見ることができません。目立たない花なので、花屋の鉢植えでもあまり見かけなくなりました。

花の姿を忘れかけていたとしても、この花の名は誰でも知っていることでしょう。人が人の心を思うとき、一粒の涙がこぼれ落ちそうになるとき思い出す、青く、小さな可憐な花。それでも凛《りん》として、健気に伸びている花です。

人は、悲しいときには、豊かな花束を見てもつらさがやわらぐことはありません。ただ一輪のワスレナグサは、そんなときの人の心を受け止めてくれます。自然のなかから姿を消していったとしても、私にとっては生涯、まぶたの奥に生き続けている花なのです。あれこれ迷うとき、私は自分の心にあるワスレナグサの姿を追い求めます。口数の少ない、何も語ろうとしない花です。

たくさんの迷いがこの花のまわりを取り囲んだとしても、迷いに揺れることなく一輪咲いている。人を、はっと振り返らせる強い力があるわけでもない。しかし、黙って見ていると、流した涙をごく自然に吸い込んでいく。

今の時代は便利になって、誰でも、世界中のどの国へも行くことができ、めずらしい花も手に入ります。私が外国から入って来る華やかな草木を生けるのは、そこで育ってきた土の匂いを生かしてみたいからです。それらは、その国の人々にとっては、私の思うワスレナグサであるかもしれません。

そこにひたすら生きる、名もない一人の心が宿っているはずだ。

私は、そう思って生けます。

人は何か、新しいものを取り入れなければならないとき、それまでのこだわりを捨てるのに長い時間を必要とします。ついには捨てきれずに、余生を終える場合も多いことでしょう。こだわることは、悪いことではありません。こだわりこそが、自分だけのものを見つけ出すただ一つの方法なのですから。

しかし、こだわりすぎて周囲を忘れると、つらいことになります。自然の草木は常に、周囲とバランスをとりながら自らを生かしているのです。ワスレナグサも、ただ一輪、ほかを振りきってまで青い色を見せているわけではありません。ささやかな花であるだけに、まわりが懸命に育てようと心を配っているのです。

人間の心はしょせんもろいものです。よかれと思って言ったことが、人の心を傷つけてしまうこともあるでしょう。

しかし、その結果に知らないふりをしてはいけません。自らの心を厳しく、痛みを同じように分け合う努力をしなければなりません。

また、傷ついた人のつらい思いを理解することも大切ですが、自身が加害者であるとはっきり認識して、どうつぐないをしていけばよいか、どうすれば傷つけた人に万分の一でも許されるかを考えていったほうが、得るものは大きいのではないかと思います。

「申し訳ない」

こう素直に言えるようになれば、大きな世界が広がるのです。

自分のワスレナグサが、必ず生まれます。

表面の美醜にとらわれない

「竹の秋」という言葉があります。竹はほかの植物とは違って、春から初夏にかけて葉が黄ばみ、新葉と入れ替わって落葉します。竹に限ってこの時期に黄葉落葉するので、竹の秋と呼ばれているのです。

黄葉期に特殊な性質のある竹ですが、いけばなでも竹は、木とも草とも見えるというところから、「通用物《つうようもの》」という特殊な花材の一つにあげられています。取り合わせるものにしたがって、竹は木のように扱ったり、草のように扱ったりするのです。

竹の特徴は、まっすぐに伸びる青々とした幹や、その幹にしるされている規則正しい節などにあり、いけばなでもこの点を技法のポイントにしています。しかし、梢近《こずえ》くに叢生《そうせい》している細い葉の様子も、竹を美しく特徴づけています。

大雪の朝、雪を厚くいただいて重々しくたわんでいる竹の葉は、重い荷物を背負ったようで健気に見えますが、日が昇り時間がたつにつれて、いつしか厚い雪を振り落

としてぴんとはね返ります。まるで、辛抱強く我慢しながら、ついには逆境をはね返してしまうねばりのある人のようにも思われます。

竹の個性は、見た目から言われるような節操や潔さだけにあるのではなく、ねばり強さも同時に秘めているのです。

竹の例のように、表面にあらわれた性質や美醜にだけとらわれていると、隠れた何よりも大切な部分を見逃してしまう恐れがあるのではないかと思います。

スイセンのような涼やかさ

花をもっとも生けやすい季節は春と秋です。いけばなが生まれた京都の土地柄ゆえ、この二つの季節が私たちの情感に合うのでしょう。

しかし、池坊で伝花として残るものには、意外と冬を季とする花に美しいものが多いのです。ツバキしかり、スイセンもまた、冬が当季です。

伝花には、

「陰の花、水仙に限る」

と、記されています。正月に必ず生ける松竹梅につぐ、祝儀の花です。

現代的に自由に生ける場合はともかく、伝花としてのスイセンには、厳格な定めがあります。

陰の季節というのは、秋分のころから翌年の春分のころまでを指し、一番寒い時季のこと。そのころまでは、スイセンの美しさを汚すことのないように、ほかの花と生

けまじえてはならぬ、というのが教えです。

やがて春めいてきたなら、ほかの花、たとえばキンセンカなどと生けまじえることが許されます。早春への希望を、スイセンとともににぎやかに喜び分かとうというところでしょう。

冬将軍に立ち向かうスイセンは、実に孤独な花です。冬がどれほどつらくとも、白い花は、ほのかに香って咲いていきます。薄緑のしなやかな線を見せる葉に添うように。冷たい大地が、その厳しさのなかから、なぜこれほどまでに涼やかな花を与えてくれるのでしょう。固く凍った地面が、どうしてスイセンだけに道を開いてくれるのでしょう。

豊かなぬくもりを、スイセンにしっかり託して生けたいと思います。寒さのなかで凜として咲く品位を、どこまでも生かしきる、それがスイセンに対する礼儀であるとわきまえておきたいものです。

人は、生きるなかでさまざまな経験をしていきます。そのたびにたくましく、強く、ついにはふてぶてしくなる場合もあるでしょう。しかし、それはけっして悪いことではありません。何の経験もないまま、悲しみも、あるいは喜びさえも知らぬままに生きた人間に、いったい何ができるでしょう。

他人からたたかれ、どん底から必死で立ち上がる。笑顔の裏に涙を隠して立ちつくす。どのような苦い体験をも自らが招いた事実として受け止め、それでもなお無惨な状況のなかから、わずか一筋ほどの温かさを見出して生かそうと努力する。たとえむなしい努力であったとしても、また他人から見れば悪知恵とののしられようと、ただ一人、心に希望を託して生きる。

スイセンを健気と感じるのは、他人から、いや、厳しい自然から何度も与えられる試練を、美しいものだけをえり分けてその身につけた、すさまじいまでの姿からであると思います。

人もまた、底辺を這《は》いつくばって生きた結果、そこから暗い部分ばかりを肌にしみ込ませて上をうかがう性分の人間と、どれほど痛い思いをしても痛みをほかへのやさしさへと転化させていく性分の人間がいるように思います。

違う見方をすれば、前者は小さな苦痛を大きく表現できる人間であり、後者は大きな苦しみをも知らないふりをしなければ生きられない人間です。後者の場合、あの人は何をしてもこたえないと言われ、これでもかとたたかれる。本人はつらい思いをしていても、いつも平気な顔でいると言われてしまう。前者は、ある意味では幸せな生き方であるとは思います。

しかし、結果として、後者には他人への心配りの豊かさがあるに違いありません。凛とした品位は、その人たちがもつ特権です。

心のもち方一つで、つらい過去を引きずっていても、人もまた美しくスイセンのように生きることができると信じています。

振り向かれる人

すれ違ったときに、もう一度見たい、戻ってまで見たい、と思わせる人。思わず振り向いてしまう女性は、本物の美しさを備えているのかもしれません。そういう人は「品」をもっているのでしょう。あるいは「格」とも言うことができます。

私たちは、よく他人の人柄を「上品」とか、「下品」とか評しますが、そもそも「品」は目に見えるものではありません。それにもかかわらず、はじめて見た人のことを、あの人は品がいいとか悪いなどと、一瞬にして見定めてしまいます。

外見で判断しているのかといえば、そうではありません。

仮に上品だと感じた人が、下品だと感じた人と同じ洋服を着た場合、不思議と品が悪くなることはありません。逆もまた同じ結果になるでしょう。

電車に乗ればいろいろな人がいます。ダイヤモンドの指輪をはめている女性がいる一方、ジルコニアの指輪をはめている女性もいます。鞄でも、ブランドものをもつ人もいれば、紙袋を提げている人もいます。ダイヤモンドやブランドものを身につけた人のほうに品があるというわけではなく、何を身につけていたとしても、その人自身の仕草や人柄にこそ美しさが潜んでいると思うのです。

ふすまを開ける場合でも、立って開けるのではなく、きちんと座って開ける。料理を出す折には、温かいものは温かいうちに、冷たいものは冷たいうちに食べられるようにタイミングを見計らって出す。

こうしたことができるのは、思いやりの心からです。残念ながら近ごろでは、相手の気持ちを思いやる人が少なくなったような気がします。美しい女性はたくさんいますし、しっかりした女性も多くいます。けれどもわがままばかりが目に立ち、やさしさのない人が増えたように感じています。

いけばなでは、生けられた花には生けた人そのものがあらわれます。花をとおして生けた人の人柄や意図を知ることができます。真っ赤なバラを見て情熱的だ、笹ユリを見て上品だと、何も言わない花に対して情感を寄せるように、見る者は作品の背後にある美しさを感じ取ります。いけばなは見えないものを見せるものなのです。

人間も同様で、「品」は、はっきりと目に見えるものではありません。しかし、見えなくともなぜか品のよさがわかる、身についている何かしらのものを感じるというように、見えないものを見せること、本物の美しさを身につけることが大事だと思うのです。

年を重ねてこその美しい生き方

今や文明は、途方もないほど発展しました。

電灯の光に驚き、ラジオやレコードから聞こえる声に仰天し、電話に目を白黒させている間は、まだ人間ものんびりしていましたが、テレビができ、コンピューター、ロボットなどが登場し、人間の頭や手足以上の働きをするようになると、人間そのものの存在価値にまで疑問が投げかけられるようになってしまいました。

祖先たちが共に生き、いつくしみ、私たちに残してくれた野や山は、次々に機械で壊され、草も木も粉々になって、その代わりに人工的なコンクリートのビルが建ち並んでいます。

生活のスピードはますます速くなり、今日の一時間はかつての一日、あるいは一カ月にも匹敵するほどになってきました。

生活は便利になり、豊かになり、人間の寿命もずいぶん長くなりました。

しかし、私たちは本当に幸せな一生を送っているのでしょうか。
「ああ、私は幸せでした。ありがとう」
とすべてに満足し、感謝し、心おきなく生をまっとうする人が、いったい何人いるのでしょう。

便利さと豊かさの代償として、大変な荷物を両肩に背負わされて、現代の人々は、かえって悩み多い人生をたどりつつあるようにさえ思います。

かつて、名古屋に住む門弟で、九十八歳になっても現役として活躍していた方がいました。その方に長寿の秘訣を聞いたことがあります。すると次のようないくつかの習慣を教えてくれました。

毎日心静かに花を生けること。体全体を〝亀の子タワシ〟でこすること。酒やたばこはのまないこと。食べものは特に根のものをいただき、腹八分目でとどめること。医者にかかって安易に病を治そうとしないこと、など。そして何よりも、これらを根気よく続けていくこと。

自分自身の体をよく見つめ、けっして無理をせず、自分のやり方を続けられていることに感心しました。私はとてもこれらすべてはできませんが、その自然流の生き方には、野に咲く花の強さ、美しさに通じるものがあるように感じられました。

ひょっとすると、現代文明の恩恵を当たり前のこととして受け入れて生きている私たちは、温度や肥料を一定に調節して育てられた温室の花のように、一見美しくはあってても、どことなくひ弱で、はかない存在であるのかもしれません。

汚れなき自然のなかで、何事にもとらわれず、本性のままに咲く花のように、自然に、無心に、あるがままの姿で生きていくことができれば、人間としてもっとも幸せな生き方なのかもしれないと思います。

しかし、それは望んでもせんないことです。現代に生きる私たちは、現代文明のなかで、人々とつながりながら生きていくのです。

せめて日々、折に触れて、野に咲く花の強さ、美しさに心をとめ、自らの来し方、行く末に思いをはせるという習慣をもちたいものです。

新しい美しさを生み出すこと

造形としてのいけばなのもろさは、花展の撤花のときの状況を見るとわかります。長い時間をかけて生け、三日、四日と展示していた作品が、わずか数分でつぶされてしまいます。あとには何も残らず、再び同じ作品をつくることは不可能です。もろさ、はかなさが、いけばなのもつ一つの大きな特色であることはたしかです。だからこそ、はかなさのなかで精一杯発展し、生長しようとする花の意志の強さが深い感銘を誘うのでしょう。

このように、いけばなの形における調和は、花の生長しようとする意志によって保たれ、意志を失えばたちまち崩れてしまうはかなさを含んでいます。はかなさのなかに、明日に期待するいのちの強さを秘めているところに比類ない〝美〟があると思うのです。

一般に、わび、さびの美しさが伝統的な文芸や茶の湯での〝美〟とされていますが、いけばなの美しさは、若々しく、のびやかに、未来に向かって前進しようとする生命力にあると言えます。

このはかなさを秘めた若々しい生命力こそ、若い女性に共通する美しさの源泉なのでしょう。しかし今日の美しさは、いつまでも続くものではありません。

幸いなことに、人間は、今日より明日、明日より明後日と、さらに新しい美しさを生み出し、加えていくことができるのです。

それはひたすら、心を磨き続けること。そうして新しい美を生み出すことができるのです。

第三章◆バランスをとること

関係を保つバランス

はずみ、という言葉を、いけばなでは使います。おもに動きをともなう行動の場合に形容します。

はずみをつけて飛び上がる、走る、投げる。

スポーツでは、手足にはずみをつけて準備をして、大きく、速く動きます。いきなり走ったり、投げたりしても、よい結果は得られません。身体の筋肉のどこかに無理が起きて、障害をきたします。一つの動きは小さな動きから始まって、徐々に大きく盛り上がり、やがてまた小さくなっていく。こうした一連の流れのなかで、スポーツは成り立っています。そのため、スポーツ選手の身体は無理なく鍛錬され、見る人にも流れるような美しさを感動として与えてくれます。

はずんだ心をもつ。

これは、人の心のいかにも明るい様子を表現しています。心の内が相手に見えるわけではありませんが、表情や動作から、はずんでいるなと想像するのです。スポーツの動きと同じく、あるとき突然の心情ではありません。時の流れのなかで、さまざまな経験をし、見て、聞いて、語って、心がはずみ出すのです。

草木にもはずみがあります。

花を生けることから見てとれます。自然の草木は、周囲に影響することもされることもなく、ただ一本で生育しているわけではありません。互いに関連し合って生きています。ですから、花器一瓶のなかで一つの枝を挿せば、次に挿す枝は先に挿した枝の動きに呼応させて挿します。また次の枝も、今度は二つの枝に合わせるようにして生かして挿します。はずみをもたせていくのです。

昔の人はこれを、「縁をつなぐ」と称しました。

今でも、人はおつき合いのなかで「ご縁があって」という言葉を使います。草木は、はずみ、縁をつなぐことで、人との新しい出合いを重ね、人は新しい発見をして、いきいきとした生を営んできました。

ただ一輪挿されたツバキも、凝縮された一瓶のなかに極限のはずみを見せているのです。

はずみは、大きな広がりとなります。草木は静かに生涯を送るように見えますが、土にとどまったまま太陽に姿を向け、呼吸し、息づいています。種子は風か何かで遠くに運ばれ、はずみをもって生きています。

また、下から上へと伸びる草木も必ずはずみを見せてくれます。高い樹木は、一本だけで見事に育ちはしません。下方に茂る草や苔《こけ》、堆積した落ち葉のおかげで、のびのびと大きくなります。

自然の情景を映した池坊のいけばなでは、「木は後ろ、草は前」に挿すのが原則です。草花のほうが丈高く育っている状況はまずまれでしょう。これも、大きな意味ではずみを映したものと言えます。

さて、再びスポーツを例に取りましょう。陸上競技では、スタートラインに固定した足元に、はずみを見ることができます。

ピストルの音を待ちながら、しだいに緊張していく。呼吸を合わせ、限界かと思える一瞬に、バーンと音がして走り出す。

この限界を知るために、選手たちは毎日厳しい練習を重ねています。間合いが取れないと、百分の一秒を争う勝負には勝てないのです。

ぎりぎりの線、これ以上は限界というのを、いけばなでは「きわ」と呼びます。

花一輪を挿す。あれこれ向きを変え、苦心して、もうこれ以上、少しでも手を触れると自分の描いた姿が壊れてしまう。挿した者がそう感じる線があります。

人と人との関係でも、同じこと。縁をつないで、おつき合いが始まる。一人ひとりと、つながりができる。会話がはずむ。

しかしある瞬間、これ以上足を踏み出したら関係が壊れてしまいそうだと感じるときが、必ずある。ぎりぎりのところで、自分を押しとどめる。

生あるものは、すべてこうした「はずみ」と「きわ」をうまく溶け合わせ、均衡を保っているのです。

本当のゆとり

文化とは何か、と論じられたことがありました。考えてみれば、人がつくり出したありとあらゆるものが文化のなかに内包されています。文化とは、始末におえない代物です。

いけばなは、花を美しいと思って生けてみる、ただそれだけのものです。これも小さな文化の一つです。

花は非常に便利な言葉でもあります。花にたとえると、すべてが美しい姿に変わっていきます。花は、自然も人も、あらゆる現象をのみ込んで可憐に咲き続け、知らぬ間に消えていきます。

最近は、文化とは何かという問いかけをする人々が少なくなった気がします。現代は、以前のようになりふりかまわず走っていた時代ではありませんから、あわてて振り返っても、まあどうにかもとに戻るだろうと安心しているのかもしれません。

ゆとりがなければ、文化は生まれないと言われてきました。単純に解釈すれば、その日の糧《かて》を得る生活に追われる状況から、

「あら、玄関の障子が破れている。直さなければ」

と、ふと気づくときが、ゆとりというものと言えるでしょう。

少し生活も楽になって、小金もできた。そうだ、障子を貼り替えようか。

障子のない家ならば、マンションの玄関に花でも飾ってみようか、といったところでしょうか。

日々の生活に追われている状態では、美しい花を生けるのは困難です。池坊の歴代の宗匠は、六角堂を守るかたわら、花を生けてきました。花を教えることを生業《なりわい》とはしてこなかったのです。芸事とは、大なり小なり、日々の小さなゆとりが心の隅に芽生えて、発達してきたように思います。

しかし、破れをつくろうだけがゆとりでしょうか。破れた穴から、おや違った景色が見えた、と思いがけない感動を受けることもあるはずです。

穴から見える情景は、外で見るいつもの表情よりこまやかでやさしく感じられる。

朝から日暮れ時まで、何をするわけでもないし、それでは一日中、飽かずにながめ続けてみよう。たかが穴一つ、破れていたって生命がどうなるわけでもない。冬に、少し風が冷たいだけ。それよりも、自然とはなんてありがたいものだろう。

気づかなかった声が、胸に響く。お日様に感謝するのが第一と、ゆったり過ごす。これもまた、ゆとりではないでしょうか。しかし、いつのころからか私たちは、このゆとりを忘れてしまったようです。

葉には、表と裏があります。両方で成り立ち、美しい姿に育ちます。光と陰の織りなす微妙な世界です。人にも、表と裏があってもよいのではないでしょうか。たとえば、大上段に文化とは、と問う姿勢が表の顔なら、閑居して一人座り込むのは、裏の顔の、ありのままの寂しい心を抱えた人間の姿です。どちらかでも忘れてしまうと、私たちはたちまちバランスを崩してしまいます。

花を生ける行為は、ただ花を挿せばよいのだと思われる人が大方でしょう。しかし、大きな自然を背負った小さな花に、同じくとても小さな存在である一人の人間が真正面から対座しなければならないのです。自分の心をどこまでも追いつめ、ぎりぎりま

で問いかけて、花にこれでよいかと尋ねることができたとき、はじめて人と花が重なり合います。

バランスを崩したままの心では、花は生けられません。

草木は、表と裏、そして清濁を、花が開くまでに黙って受け入れ、生長するのです。

前を向いて生きる力

生きものはすべて、前を向いて生きようとする力が働いている間は、きらきらと輝いて見えます。年齢は関係ありません。ところが後ろを振り返って、昔はよかったと思い出話に花を咲かせるようになると、とたんに影が薄れるものです。

草木は、過去を振り返ることさえできず、同じ場所に生えたまま、ひたすら太陽を見上げて生きています。草木の生きている証《あかし》を、いけばなでは、

「いき」
「うつり」
「つや」

という言葉で表現します。歴代の家元たちも草木の健気な姿を見て勇気づけられ、励まされて花を生けてきたのだと思います。

「いき」とは、生きているものが自ら有しているはずみです。「うつり」とは、周辺

の変化にも柔軟に対応する姿。「つや」とは、生きものすべてが内包しているみずみずしい力。

「いき」は、生きる、粋にも相通ずるかもしれません。花は、周囲の環境に応じてさまざまに対応し、形を変えます。ほかの何ものにも侵されまいという防御の構えはけっしてとりません。光や養分は草木にとって何より必要なものですが、日光の差さない暗い場所でも、その場所なりに生きていこうとします。人間なら、たとえば本来あるべき位置からつらい状況に置かれた場合、落胆して後退する姿勢になることも多いでしょう。守りの姿勢に入ると、人の目からは輝きがあっという間に消えていきます。

草木は逆境にあっても、ごく素直に形を変えて対応していきます。したがって、いけばなでは形を変えた自然な姿である枯れた葉、虫食い葉、曲がった茎をも生かしてやるのです。

それでは、逆境のとき、その場に応じて私たちはどう対応していけばよいのでしょうか。それは後ろ向きにならずに、希望をもつことです。

人の一生を考えてみましょう。

赤ん坊が誕生したとき、泣き声に苦しんだり心配したりした母親やまわりの人間は、子どもが成長するにしたがってほっと安心する。「這えば立て」のたとえどおり、育児本片手にでも懸命に育てる。やがて成人したわが子に、たとえ不出来の部分があろうと親は希望をつなぐ。生きていてよかったと安心する。

いきいきとそれぞれの出会いをくり返して、みずみずしい一生を送り、次に縁をつないでいきます。

花の世界の、「いき、うつり、つや」とは、同じ生きものとしての人間の素顔でもあるように思います。

人との出会いが心をつむぐ

秋に京都の町を歩くと、どこからかよい香りが漂ってきます。澄んだ大気を漂う甘く、少し心の騒ぐ、この自然の匂いは涼やかで、いよいよ秋の到来かと気持ちをかき立てられます。

キンモクセイの香りです。古くからの町家の庭には、下に茂るハランとともによく植えられています。常緑樹ですから、ふだんは物陰にあって気づきません。小さな小さな黄色の花が知らず知らず咲いて、香り始めるのです。

香りのある花は茶室などにはあまり好まれませんが、草木の無垢《むく》ないのちに気づかされ、花心とでもいうのか、この香りを運んでくれる秋風を生けてみたい、わが家に秋を生けようかと思い立ちます。

キンモクセイは、見た目は生けたいと思うような姿ではありません。ツバキのような風情のある美しさも、それほど感じません。魅かれるのは、その行方も定かでない香りです。

香りに秋との出合いを知るように、人と人との出会いも同じようなものです。ただ一度、すれ違いざまに感じた出会いの心が糸をつないでいくのです。出会った人の着ていた服か、手の動きか、声質か、その瞳であったか、誰もわかりません。容姿に気がつくのは、知り合ってずっとあとになってからという場合もあります。第六感とはよく言ったものです。

生ける花は、キンモクセイでなくほかの秋草かもしれません。これから花を生ける部屋には別の花のほうが秋をあらわすことができると感じれば、ほかの秋草に替えればよいのです。さまざまな秋の草木を選んで、そのなかからまた次の作品を思い浮かべる。連想ゲームにも似ています。

ひんやりと冷たい空気の部屋に生けられた花が、朝から夕べへと光が移るにしたがって、それぞれの時を映し、表情を変えていきます。秋の夕暮れは日が早く落ちて、茜色の空が、少し枯れ味を見せる秋草にいっそうの風情を醸し出します。

これほどまでに秋は豊かであったのかと、改めてじっと佇《たたず》む。寂しさばかりがつの

下から見上げた六角堂の屋根。

る心を、生けられた花がそうでもないよとなぐさめてくれます。

黄色い花の香りが、ここまで秋を伝えてくれたのだと思うのです。部屋に、香りが届けられたのです。

男と女の美しい関係

この世には男と女しかいません。二つの性が、互いを意識しながら生きています。人類がいる限り、変わることはないでしょう。

私は六角堂の僧侶です。親鸞《しんらん》聖人は、この六角堂に百日参籠《さんろう》して悟りを開いたと伝えられています。どんな悟りかというと、これまでの仏教の常識をくつがえすような「僧侶の妻帯」を、臆《おく》することなく明確に打ち出したことです。親鸞の唱えるところは、凡夫である自分を、妻となる女性が極楽浄土に導いてくれるというものでした。

男と女が、何らかのきっかけで魅かれ合い、緊張の糸が張りつめる。他人には迷惑かもしれませんが、二人はいのちがけでいたほうが美しいものです。

相手に対して、自分のよいところばかりを見せたいと無理をすると、とたんに背を向けられるもの。恥をさらしても、今ある思いを精一杯身体で表現してみる。その瞬間は、誰でも本気のはずです。けっしておもしろ半分ではできません。

いくつになっても心のまま、あるがままに、相手を必死で思えばよいのです。

「いい年をして」

と笑う人には、そのようにさせておけばよいのです。本音であれば、雑念はきれいに消えてしまいます。

恋愛に限らず、真剣さを「みっともない」と言われようと、ありのままの心を素直に出していったほうが相手には通じるものです。

もちろん、ときには立ち止まって自分を振り返ることも必要です。これは苦しいことでしょう。まさに瀬戸際、断崖絶壁に一人ぎりぎり立つ気分です。

心の内で、ああかこうかと思いが目まぐるしく交錯する。そして、ふんぎりをつける。他人の思惑より、批判より、自分が思うこの心を大切にしよう、と。

すると、思いもかけずまわりが見えてくることがあります。断崖にとっかかりがあるのがわかるのです。何も恥じることはなかったのだ、これでよいのだ、と。

それから自分自身の力で、自分の足を頼りに歩き始める。追いつめられたとき、結局は天も地も、他人はなおさらのこと、手助けなどしてくれません。身を振り絞って

の、自らの行動と決断が未来を見せてくれるのです。ただ、その先に何があるか、それはわかりません。すると不思議なことに、黙ってついてきてくれる人が必ず出てきます。

男女の関係は、ある程度はシーソーゲームのような部分があります。逃げれば追う、追えば逃げる。これは、生来の人間の動物的な本能ですから頭では割りきれません。いかに聡明だとしても、何とも仕方ありません。相手のことを思えば思うほど、苦しくなるときもあります。今ごろ、何をしているんだろう、誰と一緒にいるんだろうと、嫉妬《しっと》して苦しくなってしまうときがあるでしょう。

しかし、それでいいのだと思います。一歩下がって冷静になる目は、徐々に養われていくものです。

人生は短いようで長く、何人かの違った相手に出会うことでしょう。そのときどきで、素直になって相手の心を受け止めなければいけません。

もう一つ、どんな形でも相手に対して責任を取ることです。中途半端で、逃げ出さないこと。責任とは、必ずしも経済的な力のことではなく、むしろ自分に可能なことを、誠意を込めて最後まで成し遂げることです。なりゆき上、現状では悪く思われるかもしれません。それを甘んじて受けることも、また一つの責任の取り方なのです。人としてそれくらいはしなければいけません。

男であれ女であれ、何人の人と出会っても、そのときの心を自分にとって尊いもの、美しいものであったと損得なしに大切に思うなら、お返しをする。それこそ、遊びではなく本心でする。

孤独をただ一人、かみしめることもあるでしょう。しかし、そうして覚悟を決めたときこそ、他人の痛みさえもわかる人間になれるのです。

そんな人間同士の息づかいに比べれば、法律や体制などはどこかへ消え去るでしょう。自分たち人間がつくった規則にしばられて、身動きがとれずにいいかげんでお茶を濁すより、悪者と呼ばれても、自分に正直に生きたほうが美しいものです。

私は花を生けるとき、花に対してもそんな潔い思いで数多くのなかから一輪一枝を選び取っているつもりです。

男の役割、女の役割

男には男の、女には女の役割があると言うと、最近では眉をしかめられてしまいます。長い歴史のなかで、女性は男性に従う存在として忍従してきました。現代社会には、独立し、一人で働き続ける女性がいることでしょう。現代女性は、世の中には男女の区別などない、能力があればそれにふさわしい役割を果たしてゆけばよいと、自然に身体で得た価値観が備わっているのかもしれません。

憲法にも法律にも、男と女は同じ権利があると明記されています。

戦後すぐ、私も民主主義を教えられました。男女同じ教育を受けるなかで、女性のほうがはるかに向学心に燃え、すばらしい秀でた成績を取っていました。常に努力し続ける姿は、「なんとかなる」とのんきな男とは違い、実にいきいきしている、そう感じました。

法律上は認められた男女平等を勇ましく旗印に掲げて、戦後の女性は、男に負けまいという強い意志で大変な努力をしてきました。学校でも男女の区別なく、いや、むしろ男を凌《しの》いできたとさえ言えるでしょう。

しかし社会に出ようとすると、厚い壁がそびえ、固く閉ざされている。押しても、突き戻されてしまう。高い塀の内からは、男たちの楽しげな笑い声さえ聞こえてくる。なお不平等な時代を過ごした当時の女性たちにとって、大学を出ること自体がむしろ弊害になることもありました。

同時に、彼女たちの親は旧制度と新制度の間で迷ってもいたはずです。女もこれからは自立できるようにと学歴をつけさせたが、一方では女性の結婚適齢期という社会の常識が気になる。大学を卒業したわが子も、夢見た社会から冷たい視線を浴びている。現在の女子学生の就職難の比ではありませんでした。問題視されるどころか、話題にさえならなかったのだから。

私のような古い世代の男は、どうしても女性の理想像を母に求めてしまいます。いつの時代もどうやら変わらない、男性の愚かさかもしれません。しかし、古い時代のように、頭ごなしに男に従えとはけっして思っていません。女性のもつ、男にはとてもおよばない才能には素直に敬服するし、その美しさにはかなうわけもありません。まだまだ男性優位の社会で、ありったけの努力をしている女性にはいじらしさを感じてしまいます。しかし、そう思うことが、すでに男の優位を示すとお叱りを受けるかもしれません。

最近の若い男女は二人だけの生活を望むためか、子どもをもたない夫婦もあります。また、働いて帰る妻のために夫がエプロン姿で台所に立つような光景も見られます。とてもいい場面だと思います。

男には男の、女には女の役割があると決めつけるのはたしかに間違っていると思います。互いの領域を見て、自分にできることで、相手が行き届かないところは手助けすることが大切だと思います。

だからといって、女性がスカートをやめてズボン姿になるのが対等だとは、やはり思えないのです。日本の男性が同じことをできるかといえば、職業として実行している人は別として、ズボンをやめてスカートをはく勇気はなかなかないと思います。

女性としての、男にはおよばない特性は、どこまでももち続けてほしい。しかし、男の真似事をしてはいけない。心からそう思います。

人間には個性があるから、誰もが同じにはできません。しかし、どこまでも自分を押しとおすのならば、大きなエネルギーとたくましい精神力が必要です。権利には必ず、義務と責任がともなうことも忘れてはなりません。権利の使い捨ては許されないのです。

頭と心のバランス

　かつて私は、いけばなは芸術であると言っていました。しかし現在では、いけばなとは芸術ではなく文化なのだと思っています。

　人間は、犬や猫や鳥と同じく動物です。しかし、同じ動物ではあるものの、厳然たる違いがあります。

　たとえば鳥は家をつくりますが、あくまで生き物の棲《す》みかとしての、巣づくりです。人間の場合は家を建てるだけでは終わりません。少しでも住みやすく、きれいにするための工夫をして、よりよい住まいをつくり上げていくのです。創造することができる、文化をもっているのです。これは人間社会にだけあるものです。

　私は、創造すること、つまり文化には二種類あると思っています。一つは「頭の文化」、もう一つは「心の文化」です。

　頭の文化とは、車をつくったり、宇宙に行けるようになったり、文明の発達によって得られたものです。おかげで便利になり、暮らしやすくなりました。しかし、いくら頭の文化が発達したとはいえ、私たちが幸福を手に入れたとは必ずしも言えないのかもしれません。むしろ、悩みばかり増えたのではないか、心がない人が多くなったのではないかと思います。

東京のデパートでいけばな展を開催したとき、どうして売れるものでもないのにデパートで花を並べるのですか、と問われたことがあります。

たしかに、絵画や彫刻、茶碗は形に残り、将来売ることができます。いけばなは、いかに何百万円かけてつくり上げたとしても、まず売れることはありません。たった一円でも売れません。値段がつかないものなのに、なぜいけばなは五百有余年続いているのでしょうか。

それは人から人へ、師の心を弟子に伝え、弟子の心をまたその弟子に伝えていく、師の生きてきた道を弟子に伝えていくという心があったからこそ、長く続いているのです。いけばな作品は師の心に映ったものをあらわしています。花は心の鏡というように、作品を見れば師の手法がわかり、師の影が映ります。ものは売ったり、買ったりすればそれで終わりです。どれほど高価なものを買おうと、心のつながりはありません。

また、頭の文化一辺倒の社会は、便利な反面、考える力が奪われてしまうと思います。身近に使い捨てるものがあるから頭を使って工夫しなくなる。誰かに相談するということがなくなり、独裁的になってしまう。謙虚さがなくなってしまいます。

心の文化が欠けているから悩みが出てくるのだと思います。この心の文化というものの根本にあるのは、真善美《しんぜんび》、という概念です。

人間には、真実を知りたいという気持ちが誰にでもあります。「真」とは「まこと」ということ。「善」とは、よいことをしたいという思いです。世の中の役に立ちたい、誰かを救いたい……と、職業で医師や弁護士を選ぶ人がいますが、それも善の一つです。

さらに、「美」。美しいもの。日本文化でわかりやすいものにたとえると、茶道や華道でしょう。

「頭の文化」だけでなく、真善美という「心の文化」が一つになってこそ、はじめて一人前の人間として何かを創造することができるのです。

今の社会は頭ばかりが大きくなりすぎてしまって、だんだん心を忘れてきているのでしょう。バランスがとれていないように感じます。

頭の文化は目に見え、利便を享受しやすく、ともすれば重心を置きがちになりますが、人として何より肝心な、目に見えない「心の文化」こそ、もっと発展させなくてはなりません。

第四章◆和の作法

ルールを守る

茶道には、最初から終わりまでひととおりの礼儀作法があり、ただお菓子を食べてお茶を頂くだけのものでないことは、ご存知の方が多いと思います。

作法がめんどうだと敬遠する人もいるようです。台所に立ってポットからお湯を入れ、かきまぜて飲んでも同じお茶。履物の向きからふすまの開け閉めまで決められては肩が凝ってしまう。

いけばなも同様に思われているのかもしれません。

戦後、欧米の生活様式が大幅に取り入れられ、現代人はテーブルと椅子での生活に慣れてしまいました。正座をすると足が曲がる、ひざ小僧が飛び出して格好が悪い、と思う方が大半でしょう。

住宅事情も変わりました。床の間のない住宅が増え、あったとしても、空間がもったいないから物置や物入れとして利用しようというわけで、床の間はしだいに無用の存在となりました。

花は、あるならば生ければいいだろうと、作法は置き去りにされています。

たとえば、集団で稽古する場合はどうでしょうか。

広い教室のドアの開け閉めを一人ずつ丁寧にやっていては、後ろがつかえてしまいます。花屋はバーゲンセール会場のごとく混雑し、よい花をわれ先にと争って買い求めなければなりません。しかも各々、花を生けるさまざまな道具を抱え、ちょっとした旅姿どころではありません。

椅子のまわりは花材と道具の山、そのなかで花を生け始める。生けている間だけはしんと静かです。

そのあとがまた大混乱。自分の身のまわりをそそくさと片づけ、荷物をまとめて帰ろうとする人々で、再びバーゲンセールの会場に戻ってしまいます。

同様に花展では、大集団になります。展示された作品を流れに沿って、歩きながら見ていく。立ち止まると、これまた大変です。

作法を説いても、致し方ない現実かもしれません。

現代の人の生き方は、「自由に育ち、自由に生きる」というところでしょうか。

それは、人として美しい姿ではありますが、ちょっと考えてみてください。野生の動物もまた、幼いときから仲間同士のルールを身をもって教えられるではありませんか。自然という、美しく、しかし厳しい条件下では、ルールを守らなければ生きてはいけません。

花を生ける行為は、それに比べれば大したことではありません。嫌なら、やらなければいいのです。

核家族が当たり前になって久しく、大家族のころに祖父母がふだんしていた何気ない生活の心得や人間関係が、今では切り捨てられてしまいました。私のような世代でも、考え方が子どもたちに古いと笑われてしまうのを恐れて語らなくなりました。

「おはよう」「おはようございます」の区別。

「いただきます」のあいさつ。

「ありがとう」「ありがとうございます」の言葉。

誰に対しても丁寧であればよいというわけではありません。相手の気持ちを思いやって、心のなかで言葉をえり分ける配慮が、人間関係においてどれほど潤滑油《じゅんかつゆ》になることか。

ただひと言で人は深く傷つく。逆に、明るくなる。まことに、人間はもろい存在です。花展でのたくさんの花であろうと一部屋のなかの花であろうと、生けた人と花は一対一で向き合ってきました。いけばなを見るときには、作法にのっとり「拝見」するという気持ちを心の隅にとどめてほしいのです。

洋間でも和室でも、生けられた花の前に、一度は向き合ってほしいと思います。相手がどれほどの思いを込めて生けたか、花の背後に在る人の姿に一礼し、花をご覧になっていただきたい。

大きな花展では現実として無理だと思いますが、本来の花への小さな心配りを知っていれば、おのずから花展会場での拝見の作法もわかるはずです。

そして拝見し終えたら、

「ありがとうございました」

のひと言を、加えたい。

茶道では、お道具拝見等々があります。いけばなでは、花と花器と人。めんどうな話は苦手であれば、素直に美しいとほめればよいのです。関心があれば花の名や、花器について感想を話せばそれで済みます。季節を語ってもよいでしょう。

作法というのは、肩ひじ張って学ぶものではありません。花を生け、拝見することからも知ってほしいと思います。

けっして難しいものではありません。

曼殊院門跡書院「黄昏の間」にて。

美しい言葉を話す

かつて、京都の大手ホテルのロビーでは、アメリカ人観光客の大きなスーツケースで混雑する光景がよく見られました。豊かな大国を象徴するかのように、大柄な男女がツアーでやってきた全盛期でした。

時代は変わり、私のように外国語の苦手な人間でも、平気で海外旅行できるようになりました。片言の英語でも通じるし、逆に日本語を話そうと努力してくれる現地の人も多くなりました。

英語を習得しようとする日本人もたくさんいます。英語が話せることは、今でも就職や何かの折には本人にとって大きな価値があるかもしれません。しかし、英語を母国語とする人々にとっては、私たち外国人との会話のなかで心地よく響く言葉と、これは少し聞き取りにくいなと思う言葉があると思います。ですから美辞麗句でなくても、自分の心でかみくだいて、相手に不快感を与えない心配りをしてほしいのです。

日本人が外国語を話せば、自国語ではないから当然不明確な部分も出るし、おかしい表現も生まれてくるでしょう。それでも片言でもよいから謙虚に誠意をつくせば、おのずと美しい言葉は出てくるものです。

同じ日本語でも、聞いたり、話したりしていて美しい響きをもつものと、そうでないものとの差は大きいと感じます。別に標準語を意識せよというわけではありません。私自身、どうしようもなく京都弁を使って話します。全国それぞれの方言があるから、自分の国、生まれた土地の言葉を大切にしてほしいのです。訛《なまり》を恥じることはありません。訛を生かして、いかに相手の心に訴えるかが重要なのです。

私は古い世代の人間なので、外国語に対しては会話重視だけでなく、読むという部分も忘れずにいてほしいと思います。私の母校である同志社大学のすでに故人となられた教授が、騒ぎながら歩いていた英文科の学生グループの前を通りかかった折、「グラデュエイトという言葉の意味は、英会話を習得したというだけではない。英語は、読み、書き、そして理解することにも大きな意味があるはずだ」と、ふともらされた言葉を改めて思い出します。

会話重視の教育は、作文能力を低下させたとの評もあります。言葉を、生活の一部として体得するのは大切なことではありますが、表現する場合、自分を飾るのではなく、言葉を選び、相手の気持ちを思いやることが必要でしょう。

日本語でも外国語でも、変わりません。花を生ける行為と同じだと思っています。若い世代が、何気ない言葉のなかから思いがけなく懐かしい、古風な言葉を摑《つか》み出し、自在に使い、自分たちの世界を輝かせているのに気がつくことがあります。うれしいことです。

上：冬の六角堂。
下：境内に咲くサザンカ。

掃除をする意味

立つ鳥はいつも跡を濁さないものです。

稽古に来ていたある女性は料理学校に通っていましたが、

「私は結局、最初から最後まで皿洗いをしていたわ。ばかみたい」

と、自嘲していました。

それでも、彼女自身はきっと家のなかをいつもきちんと整頓できるようになるに違いありません。料理をおいしくつくることより、その準備や後始末を完全にすることのほうが大切なのです。

いけばなでたとえると、稽古とはけっして花材を手にしている間だけのものではありません。生けたあと、先生に見ていただいたからといって、掃除もせずにそそくさと帰るのでは稽古の意味が半減してしまいます。

稽古が済んだら、花器や剣山などはきれいに洗って水気を拭《ふ》き取り、もとの場所に返しておきますが、これはもちろん当たり前のこと。机の上の花の切りクズや水気を拭き取り、床やまわりに落ちた切りクズもきれいに掃除することを忘れてはいけません。これもいけばなの大切な稽古なのです。

枝を撓《た》めたり切ったりすることがテクニックの一つになるのに対して、これは心の稽古の一つとも言えるでしょう。

花を生けるテクニックは、はっきり形のあるものなので、誰もが懸命に稽古するものです。けれども、心の稽古についてはついつい怠ってしまいがちになります。心の稽古のできていない花というものは、いくら上手に生けても、どことなくつまらない作品に見えてくるものなのです。

あとの掃除がきれいにできていると、次の人が気持ちよく花を生けることができます。それはまわりまわって自分にも返ってくること。一見他人のために掃除しているように見えても、実は自分自身のためにしていることになるのです。

「さばく」

一般に、西洋の文化は足し算していくもので、日本の文化は引き算していくものだと言われます。料理一つにしても、皿に豪華に盛りつけられた西洋料理とほんの少し盛りつけた日本料理に、文化の差を見ることができます。

いけばなも、引き算していくものです。枝や葉を、取って、取って、最後に残ったものを美しく見せます。

花材を処置するときに使う三つの美しい言葉があります。

「切る」

「撓《た》める」

「さばく」

これらは単に言葉の響きが美しいだけではなく、どれ一つでもおろそかにすると、いけばなが美しく生けられないという、具体的で不可欠な動作を表現しています。

大晦日に年越しの読経をする著者。

花材の枝葉を「切る」ことはハサミで、同じく「撓める」ことは手や指先で行なうのに対して、「さばく」はハサミと手や指先の両方を使って行ないます。総じて「さばく」というのは、錯雑した物事をきちんと整理することをあらわします。

いけばなでいえば、もつれた枝を指先で撓めながら正したり、重なった枝葉をハサミで切り落として美しくととのえたりすることを指します。切ることも、撓めることも、省略することも含めた、美をつくり出すための総合的な処置を、さばくと言うのです。

「ツバキの一枝を上手にさばいて」とは、ツバキの葉を適切に整理し、姿のよい枝ぶりにつくって生ける、という意味になります。

「ヤナギの枝をよくさばいて」とは、線状のヤナギの枝が重ならないように解き放して、という意味になります。

さばくことは、もっとも難しいこと。

いけばなに限らず、残すべきものと、取っていくものの区別は難しいものです。若いころは、身のまわりのものを捨てることはたやすいのかもしれませんが、年を重ねるほど、捨てられなくなるものです。鍋一つ、菓子箱一つにしても、もったいないと思って捨てられなくなる人が大勢でしょう。

いけばなでは、さばくことで美しさを生み出しますが、どの枝を残せばきれいに見えるのか、主役と脇役をはっきりさせ、美しく際立たせるために、あとのものを捨てていきます。

愛着を捨てることはありませんが、美しく生きるためには、さばくことが必要になるときもあるのです。

学ぶ姿勢

海外へ出かけたときや、外国人にいけばなを教えたときなど、しみじみ思うことは、私たち日本人との違いです。東洋人と西洋人というような大ざっぱな違いではなく、国民性の差です。環境が異なると、ものの考え方がこれほど変わるものかと驚かされます。

わかりやすい例は、ハワイの日系二世、三世です。一世は日本人と変わりません。私が手を取って教えると涙をこぼして感激してくれる人もいます。ところが二世、三世ともなると、もう完全にアメリカ的感覚です。日本では、弟子が先生のアシスタントをつとめ、荷物運びや水汲み、後片づけなど一切を引き受けてくれるから、先生はただ教えていればよいのです。しかし三世相手では、そうはいきません。花器や水を運ぶのも、花を生けるのも、後片づけも、すべて先生自身が行ないます。弟子は教えを受けるだけです。

二時間の講義の予定が思ったよりはかどって、一時間半で終わったとしましょう。日本では早く終わって「得をした」と喜ぶ人が多いのですが、外国では「二時間分の受講料を払っているのに」と文句を言う人がいます。万事が非常に合理的ですが、こういう割りきった考え方では〝花の心〟は最後までわからないでしょう。

生けた花を手直しするときも、日本のようにはいきません。日本人なら先生が直すとき、いちいち説明を加えなくても、生徒は素直に「はい、はい」とうなずきます。しかし外国人には、なぜ直す必要があるのかを、一つひとつ納得する説明を加えなくてはなりません。「先生が直した花は私のフィーリングに合わない」と叱られるときさえあります。ですから枝の出方、使い方、陰と陽の話など根本的なものを長々と説明して、やっとOKを取ります。自主的に学ぼうとする心が強いのでしょう。

また、必ずといってよいほど、いくつかの流派を習うのも特徴です。たくさんの流派の免状をもっていることが自慢になるらしいのです。一流派しか習わない日本人とは大きな違いがありますが、その代わり二、三年たてばやめてしまいます。形ができれば満足し、形のなかにある心までさぐろうとはしません。

若者はいけばなをあまり習いません。女性、それも年配者が習います。趣味として習う人が大部分ですが、なかには本当に花が好きな人がいて、そんな人は必ず一流になります。〝花の心〟も理解するようになり、考え方も日本人に近づいてくるのです。

先生と生徒との関係については、先生に対してはあくまでも師に対する弟子としての礼儀、作法を守っていかなければならないと思います。ですから、ハワイでの師弟のあり方には、やはり問題があると思わざるを得ません。というのは、いけばなは、技術を学ぶだけではなく、先生から〝心〟を学ぶものだからです。

では、〝花の心〟を伝えるにはどうすればいいのでしょうか。

私は、〝心〟を教える前に、植物のもつ美しさを教えることから始めます。白のコチョウランと白玉ツバキを例にとりましょう。

自分の作品に白いツバキを使いたいと思ったとき、同じ白い花だからと、コチョウランを用いても仕上がりに違いがないかといえば、そんなことはけっしてありません。それぞれのもつ美しさには違いがあるので、意図した作品とは別のものになってしまいます。

コチョウランは、葉がなくても美しいものです。対してツバキは、葉と花とが両方あってこそ、美しいもの。ためしにツバキの葉を取って、花だけにしてみるとよくわかります。また、ツバキはこれから咲くであろうことを感じさせるように生けますが、逆にコチョウランは満開のときこそが美しいものなのです。花それぞれの美しい時期を教えて、季《とき》の移りを意識させます。

そうすると、何か気づくことがあるようです。

弟子は、師に対して常に敬愛の念をもち、師を見習うことによって、花を生ける際の微妙な心配りを知ることができます。師弟の間に敬愛の心で結ばれた「和」の精神があってはじめて、本当に美しいいけばなが生けられるようになるのです。

花を生けるという行ないは、稽古場に入ったときから始まると言えるでしょう。先生に対するあいさつ、弟子同士のあいさつや、後片づけにいたるまで、すべてがいけばなの重要な修業です。

いけばなを学ぶということは、こうしたことのすべてを含みます。そのなかから、ほかの人への気配りや思いやりの心が育つのです。

このごろは、月謝を払っているのだから教えるのが当たり前と、まるで物を買うのと同じような気持ちで習っている人が増えているような印象を受けますが、それでは本当のものは身につかないのです。

いけばなに限らず、「学ぶ心」の基本の姿勢は、このあたりにあるのです。

損と得

いけばながブームだと言われたころからずいぶんたちます。服飾、美容、料理などとともに、花は今も若い女性の関心を集めています。

いけばなが大流行していたころ、花嫁修業として欠くことができないもののように言われていました。たしかに、何年かいけばなの教室に通えば、形よく花を生けることができるでしょう。そのしるしとしての免状を手に入れることができるし、免状をもつことによって自信が出るとしたら、それも悪いことではないでしょう。免状があることで老後に花を教えられ、生きることに張りが生まれれば、それもまた、よいことではあります。

しかしながら、いけばなを習うということは、それだけなのでしょうか。あらゆる権威に批判的な若者たちが、いけばなに関する限り、一枚の免状という権威を何の抵抗もなく受け入れることが、私には不思議に思えてならないのです。

〝いけばな〟をそのような形にしてしまったものに、私は憤りを覚えます。

免状がほしいために花を習うのなら、どんなマス教育でもよいはずです。形よく生けるために花を習うのなら、なにも華道教室へ行かなくても、本や雑誌を通じ、またテレビやビデオを利用しても、その技術は体得できます。

しかしいけばながマス教育では学べず、雑誌やテレビだけでは本当の勉強にならないのは、単なる技術の勉強ではないからです。いけばなを学ぶということは、先生をとおして、その先生の生きてきた道、その先生のさらに先生……というふうに先祖から流れてきた〝生きる道〟を学ぶことなのです。

心を学ぶということは、どんなに科学技術が発展しても、機械をとおしてはできません。人間であるからこそ可能なことなのです。

現在は、何事も安易な方向へと流れやすくなっています。料理にしても、かつお節や昆布で丁寧にだしを取るより、化学調味料のひと振りで、おいしい味をつけられます。しかし、そんな簡単なことでは、人生のキャリアをないがしろにしてしまうのではと不安に思います。

いけばなにしても「考え苦しんで生けなさい」という先生より、「この枝は払ったほうがいい。この花はこれぐらいの高さで、こう挿したほうがよい」と手を取って教えてくれる先生のほうに人気が集まりやすいのです。しかしそれでは、せっかくいけばなを習いながら、肝心のことをまったく教えてもらっていないことになります。

若者たちは「何が得か」ということに主眼を置きがちです。「得、損」ということを、何のためらいもなく言ってしまいます。私はそれを、「はしたない」とか「ドライで嫌だ」とか批判しようとは思いません。ただ、価値観を大切にするなら、よく目を見開いて、本当の得とは何かを考えてほしい。手取り足取りで、生ける技術だけ教えてもらうのは、決して得ではないはずです。

マネキン人形がどんなに美しくとも、人形に恋をする人はいないでしょう。人が人に恋するのは人が生きているからであり、心と心の通い、触れ合いに愛を感じるからです。生きていることによって、その人の生涯にもたらされる喜びはもちろん、悩みや苦しみも、振り返ればまた価値のあるもの。その生の存在価値を、花を通じて学ぶのが、本当のいけばなの勉強です。

しかも、その花もまた生きていて、つぼみから散ってしまうまで時々刻々と様相を変えていきます。それを、どの瞬間でとどめるかは、花を生ける者のみが定める厳しい決定であり、自分が何を語りたいかを自ら問わなければ定めることのできないことなのです。

教える者と学ぶ者との間には、年齢をはじめとして、さまざまなギャップがあることでしょう。しかし、それを越えて、師の心の扉をたたくことを忘れないでほしいのです。

そして、教える者もまた、自らをティーチングマシンに堕《おと》しめない覚悟が必要なのです。

無駄を省く

本当におしゃれな人はシンプルな服装を好むと言われます。無駄を省き、必要なものだけでできている形の単純さに、最高の美しさがあることを知っているからでしょう。着物やサリーなど、伝統衣装の生命が長く続くのは、単純な線だけの組み合わせでできているからです。

いけばなでも、省略した美しさ、単純な美しさを尊びます。たくさんの花材を使って豪華に構成するいけばなの様式もありますが、特殊な場合に限られます。たいていの花は簡潔に生けて、すっきりした効果を楽しむものなのです。ごてごて満艦飾《まんかんしょく》に飾り立てるのは、おしゃれでもいけばなでも、泥くさいやり方と言えるでしょう。

慣れないうちは、あれもこれもと花を挿したくなるものですが、数多く生けたからといって、いい作品ができるわけでもなく、またどんなねらいや気持ちがあって生けたかを表現できるわけでもありません。

逆に少ない材料を的確に使ったほうが表現も集中され、訴える力も強くなります。何によらず、単純でないものは力が分散され、訴える力が弱くなるものなのです。

「数すくなきは意かえって深し」

古人の言葉です。「意」というのは心のことで、たとえ用いた花材の本数が少なくても、その枝ぶりや花が真に的を射ていれば、必ず、人の心を打つものなのです。

茶の湯の始祖と言われる千利休と朝顔の話があります。

利休は、天下を取った太閤秀吉と、茶の湯を通じて深い友情で結ばれました。

ある夏、利休の茶室のまわりに朝顔が見事にたくさん咲いて評判になりました。これを聞きつけた秀吉は、評判の朝顔を一目見ようと利休の茶室を訪問することにしました。利休はその朝、家のまわり一面に咲き競っている朝顔をことごとく刈り取り、そのなかのただ一輪を茶室の床に生けて秀吉を待ったのです。

さて、利休の家の朝顔はどうかと、勢い込んで秀吉がやってきます。ところが家のまわりには評判の朝顔の影も形もありません。いぶかしみながら秀吉は招かれて茶室に通るのですが、そこで見たものは、床のほのかな光のなかに生けられた、ただ一輪の朝顔でした。

ここで秀吉は大きな衝撃を受け、次に感嘆を久しくしたことになっています。これはおそらくつくり話でしょうが、それにしても、いけばなのある本質をよくついています。いけばなは、「凡百のものを切り捨て省略して、唯一のものを残していく」作業だからです。

利休の生けた一輪の朝顔と庭のたくさんの朝顔。

どちらに価値を見出すか。

数多くある美しい花も、たった一輪の美しさにはかなわないことがあるのです。

けじめをつける

ものごとにはけじめをつけることが肝心です。

仮に自分のお母さんからいけばなを習っているとしましょう。親子の間でいまさら形式ばってあいさつなどしなくても、と思う人がいるかもしれません。けれども、母親に頭を下げ、口に出してきちんとあいさつすることによって、「習う」ことに対する実感のようなものが湧いてきて、「がんばろう」と心がしゃんとしてくるものなのです。

不思議なことに、互いに頭を下げ合うだけで、習う側も教える側も心構えがまるで違ってきます。年末に大掃除をしてお正月を清々しく迎える感覚に似ているかもしれません。暮れの大掃除は、しなければしないで済んでしまうものですが、したほうがいっそう引き締まった気持ちで新しい年が迎えられるものでしょう。

あいさつによってけじめをつけ、気持ちを早く稽古に集中させる手段にするわけです。ハサミをもちながらおしゃれやデートのことを気にしていたのでは、せっかく教わったことも宙に飛んでいってしまうものです。ほかのことをいっさい忘れて、目の前のことに没頭したという充実感こそ、ふだんの生活をいっそう楽しいものにしてくれるはずです。

「よろしくお願いします」

「どうもありがとうございました」

などのあいさつを忘れないようにしたいものです。

第五章◆自分を見つけるということ

季節の移り変わりに目をとめる

振り返ってみれば、幼いころの自然に対するさまざまな記憶は、暑さ、寒さの刺激をともない、また悲しみや喜びの思い出とともに生きているものです。しかし近年のように、自然から隔てられた生活のなかでは、折々の季節の移りに気づかないことが多くなりました。

花を生けていると、草花の色合いに季節の動きを見ることができます。ツルウメモドキの実が、いつしかサンゴ色になり、ハゲイトウなどが、デリケートな色づきを見せるようになるころ、日一日と晩秋の気配を感じます。

雲もなく、冴えわたった空に高く冷たく月がかかっている夜には、子どものころを思い起こします。当時は庭の一隅に小さな野菜畑があって、こんな夜の翌朝には霜がおりていました。

私は、毎朝のようにサトイモの葉に結ぶ水玉の美しさを喜んでいました。冷え込んだある朝、この水玉が目につかず、ふと見上げた屋根瓦の上に、うっすらと白い初霜を見たときの何とも言えない新鮮な驚きは、今もなお呼び覚まされます。

自然の現象は、年々歳々、変わらぬ変化を見せていますが、心に共鳴するところがなければ、見ても気づかないままに打ち過ぎてしまいます。初霜のように、淡く自然を装い、瞬く間に消えうせるような、はかなく、ひそやかな現象は、見過ごせば何事もなく過ぎますが、共鳴する心があれば、季節に対する深い驚きをともなうのです。

霜のおりた情景は、必ずしも美しいものではありませんが、心にしみわたる感傷をともなうことによって、日常の折節を正させる不思議な働きを見せてくれます。

初霜を見る心も、人それぞれの環境によってまちまちでしょう。しかし私は、霜を見る際の心の驚きこそが、人間が変わらずもつ郷愁であると思うのです。現代の騒音と多忙の生活のなかにあっては、季節の移り変わりに目をとめることが、大切な生の営みの一つだと思います。

自分の目でものを見る

池坊の花の美しさは、つぼみにあると言われます。つぼみはこれから花を開くもので、常に未来を向いています。池坊もまた、未来に目を向けて理想のイメージを追求しています。

花を生けるとき、草や木を組み合わせて自分の理想を表現しようとしても、水揚げが悪かったり、撓《た》めると折れたりして、草や木のもつ性質に限りがあることで表現できず、もどかしく思うことがあります。

そこで、素材をもう一度、新しい角度からながめ直してみようと試みます。草や木の全体の姿のなかにある表情だけでなく、草や木の一つの面や部分の形や色のおもしろさをとらえ、これらを、さまざまに組み合わせて表現するのです。

質にも注目します。たとえば、サンキライというつるの花材があります。これを針金代わりに使ってみるとどうなるかと考えます。針金の太さはどこでも一定ですが、つるを用いると根元と先端では太さが違うので、線が変化するのです。そうして質感の差を出します。

さまざまな素材を平面的・立体的に組み合わせることによって空間に美しい形をつくり出していく、そこに花を生ける喜びがあるのです。

めずらしい素材を見つけようとする試みもあります。店頭では手に入れにくい素材や熱帯のめずらしい植物、あるいは枯れた木などをもってきて新しい感覚を盛り込むのです。

私たちは案外、自分の目でものを見ていません。習慣や既成の概念にとらわれすぎています。しかし、ふとした機会に、ふだん見慣れた形から驚くばかりの新鮮な感銘を受けることもあるのです。自分の目の位置や立場を変えることによって、見慣れている素材からまったく別の素材を見出すことができます。

虫が食った一枚の葉っぱ。それは取るに足らない、不格好なものにすぎませんが、見ようによっては風雅なものであり、一抹《いちまつ》の感傷も漂っています。

大事なことは、自分の目でものを見ることなのです。

夢のもち方

私には、家元として、何とか自分の代で成し遂げておきたい夢が三つありました。一つ目は池坊の人々のための殿堂を建てること。二つ目は自分自身の作風を完成させること。そして三つ目は、いけばなの先生方の老後を安定したものにすること。

池坊には全国にたくさんのいけばな人口がおり、先生がいて、お弟子さんがいます。流派が大きくなったのはよしとしても、町のいけばなの先生方が、池坊のいけばなを正しくお弟子さんたちに伝えているのか、チェックすることはとてもできません。先生方を再教育する機関がどうしても必要でした。

昭和五十一（一九七六）年、再教育機関としての研修学院を六角堂境内の古い建物のあとに建てました。どうせなら、いけばな教育として最高のものを建てたいと考えました。机一つとっても、作品を置くスペースや花を生けやすい目線の高さなど、勉強机とは用途が違います。あらゆる角度から、花を学ぶためにもっともふさわしいものを細部にまでこだわりつくり上げました。六角堂に来れば花のすべてがわかるようになればとの思いから、いけばな資料館をつくり、道場も新しく建て替えました。

二つ目の夢として、昭和五十二（一九七七）年、「新風体《しんぷうたい》」と名づけた新しい花の形を発表しました。現代の環境に合う、また、多くの新しい花材をも取り合わせることのできるいけばなが必要だと思ったからです。

伝統あるいけばなを基本からしっかり学んだうえで、自分ならこうするという思いが湧き上がり、長い年月をかけて研究を重ね、生み出したものです。それまでのいけばなの約束事を取り払ったものでしたので、発表するにいたるまで、周囲から猛反発にあいました。さまざまな陰口もたたかれました。

それでも、やり遂げなければならなかった。古いものをそのまま受け継ぐだけでは未来はありません。現代に生きる人々にとって池坊のいけばなを魅力あるものにしたい、常に前を向いて進みたい、と思って行動したのです。

三つ目の夢である、年金制度も一度は構築しました。これは、いけばなの先生方が老後を安心して暮らせるようにと願って制度化したものです。

たとえば京都に池坊の老後施設があって、そこに先生方が集まって安心して暮らせたとしても、まるで意味はありません。先生方にとっての生きがいは、人と人とのつながりだと思うからです。花を教えているそれぞれの場所で、それぞれのお弟子さんがいます。年を取って一人で暮らしていても、花をとおして地元で多くの人と出会い、つき合いがあり、人とつながっていること。それが大切なのだと考えたうえでのことでした。

いけばなの先生方の老後の楽しみをつくっておきたかったのですが、まことに残念なことに、この年金制度はうまくいきませんでした。

ただ、再教育機関である研修学院をつくったことで、年を重ねても先生方が六角堂へ学びに来ることができるようになりました。花を習いながら、花と楽しみ合って、人と人とがつながれる場所がある。学院をつくることによって、目的は達成できました。

夢があろうとなかろうと、どうでもいい、と思ったらおしまいです。チャンスは何度も来るわけではありません。もし、海外に行ってみたいという夢があるなら、チャンスが来たとき、多少無理をしてでも行くべきです。お金は働けば得ることができますが、時間をおいてしまうと、何か困難があってあきらめなければならないこともある。人生というのは一回きり。二回も三回もありません。

人生とはいろいろなことがあるものなので、何か問題にぶつかることもあるでしょう。失敗することもある。しかし、問題でも失敗でも、一回経験すれば、それからは自分で考えて、別の方法を取ることができるようになります。

とは言っても、実現できるかどうかわからないような、大きな夢をもつことはありません。小さな夢から始めて、どんどん夢をふくらませていけばいいと思います。

情熱をもつこと

私が家元を継いだのはわずか十一歳のときでしたので、家元とはいっても、実態は名ばかりのものでした。池坊の実権は母の兄である伯父にあって、大学を卒業したあとも長年、後見である伯父に言われるがままになっていました。

一番悩み、苦しかったことは、自分の花を生けられないことでした。花のことを何も知らずに継いだとはいえ、中学二年生からは師についていけばなを学んでいたのです。私にも生けたい花がある。表現したいものがある。それでも、花展で家元として出す花としては十分でないと、伯父は私の好きなようにはさせてくれませんでした。私の名で出す花の作者は別にいて、あてがわれた作品を指示図どおりに生けていたのです。これほどつらい作業はありませんでした。

これでは全然意味がない。自分の花は自分で生けたい。

私には情熱だけがありました。

伯父が亡くなったあと、三十六歳にしてようやく自分自身の花を生けることができるようになり、実をともなった家元として歩み出します。私は家元でしか成し得ないことをやろう、と決意しました。それは、新しい作風を生み出すこと。

古いものを捨てるわけではありません。古いものを生かしながらも、現代に向かって前進したかった。いけばなといえば、床の間にある格式の高い花を想像される方は少なくないでしょう。しかしそれでは、現代には適応できません。住環境も花の流通も変わっています。

実を言えば、池坊の長い歴史では、およそ百年ごとに新しい作風が生まれています。けっして古いままを受け継いできたわけではなく、その時代に応じたものの見方、考え方を取り入れ、変化を重ねて現在の姿があるのです。

昭和二十年ごろのいけばなは、戦前の重々しい空気を反映して、重厚で地味な作品ばかりでした。そして、皆、同じように生けていました。個性がなく、子どもの私の目からは、兵隊さんが並んでいるように見えたものです。制約や型があると、没個性に陥ってしまいかねません。花で表現したいものがあるのに、パターンが似てしまう。

いわば、「兵隊さんの花」になってしまうのです。

そこで、今までの伝統的ないけばなを「正風体《しょうふうたい》」として系統を整理し、型にとらわれない新しい花の形を「新風体」として発表しました。

新風体を模索する過程では、規則をはずして、花をただ見るのではなく、どこが一番美しいのか、なりたちを見ました。本来は下のほうにしか用いてはいけない花材を、あえて上に使うとどうなるか、花の背丈をさらに高く見せるにはどう工夫すればいいのか、どうすれば、より美しく見せることができるのか。古い型を見たわけではなく、植物の性質をとらえるようにしたのです。見方を変え、バランスを見ながら、試行錯誤し、つくり上げていきました。

新しいことをやると、必ず抵抗があるものです。長老方には、「池坊の精神が失われます」「型として決まっている黄金率を崩してはいけません」とさんざん反対されましたが、現在にいたっては、池坊の顔として立派に育ち、反対されていた方々もこぞって生けておられます。

行動するのであれば、情熱をもって徹底的にすればいいのだと思います。

生きる力

いのちというものを考えてみましょう。

今の若者は、私が子どもだったころに比べると格段においしいものを食べ、冷房も暖房もあって、恵まれた生活をしています。幸か不幸か、乗り越えるべき大きな壁がありません。昔の人は、すべて耐え忍んで生きていました。

いけばなにしても、花屋に行けば花がたくさんあるので、花材を探す折に山を歩く人はいなくなりました。しかし、花屋にない花材があります。

花屋は寒い時季に温室で暖めて、不自然に早く育てた花材を多く置いています。なかでも、梅は本来、二月ごろが美しいものなのに、すでに正月に売られています。これを二月に売れば価格が下がってしまいますが、正月に間に合えば高い価格で売れるので、温室に入れて早く成長させるのです。

もともと梅の美しさは、角張った、暴れた枝にあるとされます。角張って生けるのが梅の美しい生け方であり、また、梅と外見の似た桃は、桃らしく丸く生けるのが美しい生け方です。

温室には適当な温度と水と栄養があるものの、風がありません。自然の美しさがどこにあるのかといえば、風雪に耐えながら生きていこうという姿にあります。海岸の松を美しいと感じるのは、風が吹きさらしていながらも、松が風に向かって生きていく姿があるからです。温室にはそれがないので、梅の枝はひょろひょろと細くなってしまいます。最近では、温室育ちの枝しか知らず、梅の角張った枝を見ていない人ばかりになりました。

人間でも、苦難に耐えてきた人はすごみをもっています。歯を食いしばってでも生きていこうという気概をもつとでも言うのかもしれません。スポーツの一流選手も、一流なりの努力をしているはずです。

植物は生まれた場所が生きる場所で、どうすることもできません。人間は寒ければ暖かい場所へ行きますが、植物は隅のほうで根がつけばそこで生きていかなければなりません。ひたすら太陽の光に向かって生きています。

さらに、いけばなでは、走るという姿勢を必要とします。人が走るとき、右足が前に向かえば左足は後ろにありますが、身体は必ず前に出ています。その前に向かう姿勢が必要なのです。さらに、軸足の位置によって次の足のステップが決まるので、軸足を重要とします。花を生ける際に、倒れそうな花材がある、そうしたときには倒れそうな花材を支えるもの、つまり軸足が必要になります。自然にたとえるなら風が吹いているときに支える力です。

目に見えない力ではありますが、これが生きているということなのでしょう。

伝え合うこと

言いつくされた感はありますが、「師から弟子へ」という言葉があります。しかし今どきの若者には、師とは何だ、といぶかる人もいることでしょう。

師という語を、『広辞苑』で調べてみると、

①学問・技芸を教授する人。先生。

②牧師や僧侶などの名に添える敬称。

③専門の技術を職業とする者。

などと述べられています。

私は、教えるという言葉には、少し抵抗を感じます。教えるということに、それほど大きな内容などありません。ただほんのわずか、この人生を生きて得てきた経験が、若者より少し多いだけなのです。

このほんのわずか多い経験で得たものを伝えられるものなら、どうにかして伝えて

おきたいと思っています。私などよりはるかに豊かな財産を心のなかに貯えておられる方も、おそらくそう願っておられるのではないでしょうか。

どうせ土に還《かえ》るものならば、何かの形で次の代に伝えておきたい、それがいささかでも役に立つものなら、おおいに利用してくれればよいと思っています。

それにはいろいろな伝え方があることでしょう。

文学のうえで、文字を借りて伝える人もいます。若者の活字離れが言われて久しくなりましたが、書物の題名を拾い読みするだけでも、感受性のある人ならなにがしかに気づくはずです。

絵を描くことから伝えていく人もあります。美術展に出かけると、人の込み具合や作者の知名度からその価値を推測して、そそくさと帰ってしまう人がいます。高価な美術品を見たときだけ記憶に残るのでしょう。絵画は何も語りません。見る人の心に訴えるだけ。予備知識をもっていても、会場に入ったらまず、新鮮な驚きを与えてくれる作品を、自分の目で探そうと自分自身の心に確かめてほしいと思います。

探しあてた作品は、人だかりもしていない、ささやかなものかもしれません。しかしその絵が伝え、それを描いた者が訴え、見る者が受け止めることで、新しい出発が始まるのです。あとで必ず心のなかで大きくふくらみ、自分の求めるものへの手がかりをつくってくれることでしょう。

音楽によって心を伝える人もいます。若者たちは、古典からロックにいたるまで、その音楽さえ心に触れれば、ジャンルなど気にせずに自分のものとして受け止めていきます。私たちの世代が、クラシックやジャズ、歌謡曲などと区分けしてしまうのがかえって奇妙に思われます。

美しいものを素直に受け止め、伝えていく姿は、とてもすばらしいと思います。年長者が必ずしも伝える側というわけではありません。同世代同士であったり、受け止める側が逆に年長であったりすることもあるでしょう。音楽さえ美しければ、若者たちは素直に感動し、新しい自分探しを始めるでしょう。

かつては映画もまた、伝えるための一つの手段でした。現在では、テレビもその役目を果たしています。テレビの効果は絶大で、あるいは日本そのものが、現代が生み出したテレビという巨大な怪物によって左右されてしまうほどです。

人と人との間ですら、お互いの伝言が、いつの間にか最初の話とは食い違い、あわててしまうことがあります。それをテレビを相手に一人ひとりが行なうわけだから、実に恐ろしい。乱れ飛んだ風評を、またかき集めてテレビは映し出します。

あらゆる領域のものの、この映像を借りるといとも簡単に多くの人々に伝えることができるわけです。何を見て、何を知り、そのなかからどう選択していくか。ただ一人の判断にかかってきます。

パソコンを使っての世界的な情報網・インターネットもあります。これらの世界がどう広がるかは、知る由もありません。これら最先端の文明を否定してしまっても生まれるものはないので、関心を抱いて、探る気持ちも必要だと思うのです。

しかし、パソコンもやはり人間の頭脳が生み出したものであり、突如として人間社会にあらわれたわけではありません。何を伝えたくて生まれたのか。私たちはそこから何を摑み取り、どう受け止めて次の世代に伝えるか。それは、個々の心に頼るしかありません。

これまでのように、生身の語りから探りあてるより、きっと難しいことだろうと思います。人と人ならば、失敗を許すことができるものを、と改めて生き方を考えさせられます。

自然も人間も、大きな曲がり角にさしかかっているように思います。いけばなは、花を生けることをとおして自然と人、人と人とのたゆまぬ交流を行ない、相手をわかろうとする努力と、わかったことを自分の言葉で語る努力がなされてきました。

新しい文明のなかでは、個人が、自らに以前よりさらに厳しい問いかけを日々続けなければ、次に伝えられるものは見出せないのかもしれません。

居間に置かれた一台の機械から、未来へ受け継がれる何かが見出せればうれしく思います。

生ける証

あるとき、ツバキを扱ったいけばなを見る機会がありました。いかにもいきいきした二輪の花がついていて、一輪は葉の陰に、もう一輪は伸び出て葉末にありました。よく見ると、葉の陰のほうは鮮やかな色合いであるのに対して、伸び出たほうはわずかに花の色が薄く、日の当たるほうは前日、当たらないほうはその翌日咲いたに違いありません。その差がはっきり花の色にあらわれていることを知って、私は、時の移りの厳しさに胸を突かれました。

これがまさに、〝いのちある姿〟なのです。

ツバキが、いきいきと見えた秘密がそこにありました。

花を生ける喜びは、草木の、みずみずしい、いのちに触れる喜びでもあります。草木は生長して止みません。刻一刻と伸びようとしていればこそ、地上に立ち伸びることができます。土地に根を張り、葉や枝を広げる。それを支えているものは、伸びようとするいのちなのです。生きているものは常に成長します。

いけばなは〝生ける〟と言われるように、草や木を単に花瓶に挿すのでなく、いのちあるものとして、生長している草木のもつ美しさを映し出そうとしています。草や木の内部に秘められている生命力の強さや弱さ、伸び方の速さや遅さを見定めます。草や木のいのちを、いけばなとして再構築するとき、一つの枝や葉っぱが、いきいきした表情を見せてくれます。

私は、正直に言えば、いけばなを負い目に感じる日もあります。そんな折は、報われるあてもなく、たくさんの方々にいけばなについて語らなければならないわが身の立場をむなしく思うこともあります。しかし、すぐまた、私の生ける証であるこの一日一日を大切に踏みしめていけば、いつか報われる日も来るだろうと思い直すのです。「日暮れて道遠し」という考えをもつよりも、あかつきの暗やみに身を置いて東方の光を待つ気持ちをいつまでももっていたいのです。

第六章◆古くて新しいもの

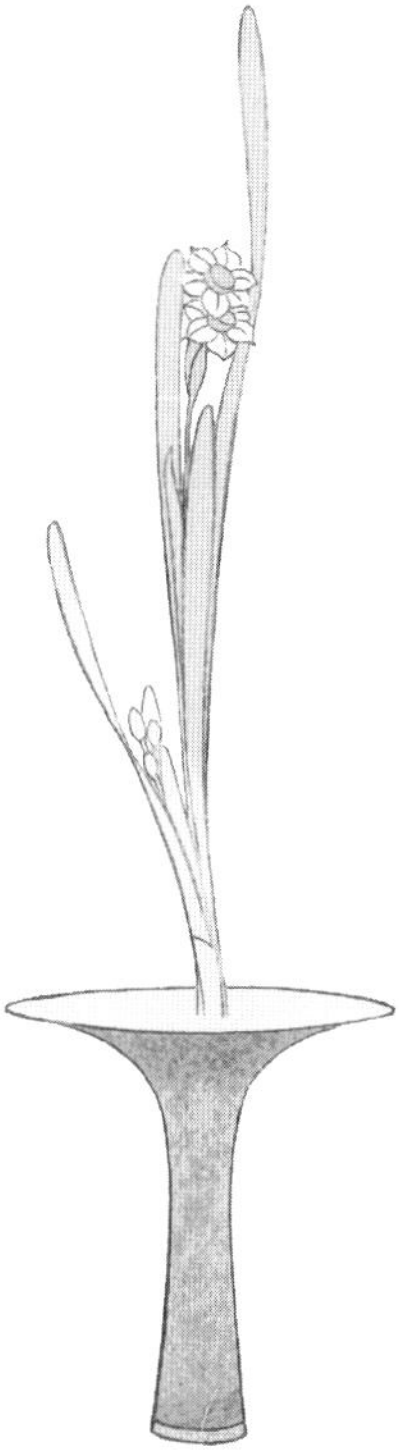

古いもののよさ

歴史は古いから尊いのではなく、歴史の尊さは、今も絶えず生きて発展し続けているところにあります。

「温故知新《おんこちしん》」――。古いもののよさを見直し、新しい形でそれを生かしていくという意味です。習い事に限らず、人間の生き方全般において、非常に大切なことだと思います。しかし今を生きる私たちは残念なことに、古いものに接する機会さえきわめて少なくなっています。したがって、古いもののよさを知ることは、なかなか難しいことだと言えるでしょう。

それならば、まず何を知ればよいのでしょうか。

私は喜びを知ることだと思います。花を習う人であれば〝花を生ける喜び〟であり、仕事を始める人であれば〝仕事をする喜び〟です。これは昔も今もなく、人の心に相通ずる素直な感情です。そして喜びから、そのことに対する興味、関心が強まり、さらに詳しく知りたい、学びたいという気持ちが生まれてくるものなのです。そうなってはじめて、故《ふる》きをたずねることの価値も生まれてくるのでしょう。

草花の枝を取り上げる。花をながめる。葉を見る。形にならない形がそこにある。こうしたなかから糸口を見つける。枝を切る。葉を落とす。ゆがみがある。どうにもならない枝の曲がりがある。いろいろな難しい条件を次々に処理しながら調和のある形を懸命につくり出す。

こうした作業が、花を生ける喜びを生むのです。

美しいものに触れ、美しい形をつくり上げる仕事は、いのちに触れる喜びをもっています。この喜びを深く大きくさせるために、やさしいもの、目に美しいものから師はいけばなを教えていきます。このくり返しのなかから師と弟子の大切な心と心の触れ合い、緊密な対話が生まれます。そして、花を生ける喜びが次の世代へと伝えられるのです。

草花のもつ、ひたすらな営み、生長を止めない生命に共鳴することによって、私たちの心は絶えず向上を遂げようとし、生きることの尊さを確かめようとします。

結局、古いもののよさは、いつの時代にも変わらない、人間の心の奥底に触れるものをもっていることだと私は思います。さらにそこから、草花に心を寄せた先人たちの思いにまで共感を覚えることでしょう。

自分の〝道〟

華道といけばなはどう違うのかについて、「華道は古いもの、いけばなは新しいもの」と考える人がいます。戦後は「華道」という言い方よりも、「いけばな」と呼ぶことが多くなったので、華道は古く、いけばなを新しいと感じるのかもしれません。〝道〟という語がつけば、すべて古いものと思ってしまう向きもあるようです。

歴史的に見ると、まず〝いけばな〟が生まれ、それが次第に発展して「華道」と呼ばれるようになりました。一つのことをきわめていこうとする思いが「華道」という呼び名をつくり上げたのでしょう。

では、〝道〟とは何でしょうか。

道とは、もともと彼方へ行くために人が踏み固めたものです。道を通らなければ、こちらから向こうに行くわけにはいかないのです。言葉をかえて言うと、道を通りさえすれば、こちらから向こうに行くことができるのです。

華道の〝道〟も同じだと理解すれば、この道を歩けば必ず上達するという確信をもつことができるでしょう。しかし、道はまた果てしのないものです。一日一日が修業の積み重ねであり、行く所があってなきがごときものです。

いけばなの世界では、作品を評して「格調が高い」とか「格がある」などと表現しますが、この〝格〟は道をひたすら歩み、きわめていくことによって、自然とにじみ出てくるものです。

〝道をきわめる〟というと、私には関係ない、と思う方がいるかもしれません。〝道〟などというから、えらく古めかしく、特殊な世界を思い浮かべますが、言いかえれば、人間としての生きざまということになると思うのです。自分なりの最高の生き方をする、それが広く考えた場合の〝道をきわめる〟ことなのです。

いけばなについてこれまで述べてきたことは、人としての生きざまに通ずるものを含んでいます。ＯＬでも、主婦でも、ただ最低限度のことをやり、ごく狭い範囲のことしか見聞きせず、関心ももたず、ということでは、豊かな生き方とは言えません。

自分の専門分野では人に負けないだけのものをもつよう、絶えず努力し続ける。旺盛な好奇心をもち、趣味は広く、より多くの人から何かを吸収しようとする。

そんな態度で生きている人は、豊かで、充実した人生を送っていると言えるでしょう。それは、人生という〝道〟を真剣にきわめようとしている姿だと私は思うのです。

古い時代には、いけばなに対する〝執心《しゅうしん》〟が池坊へ入門するための第一の条件とされていました。

執心というのは、一つの物事に心が引かれ、離れられないことで、いけばなの道に真剣に志して、どうしても池坊に入門したいという人にだけ入門を許したのです。現在でも、入門の許状のなかに、この古い言葉が残されています。

いけばなに限らず、何かの道を学ぼうと思ったら、まず謙虚にその門をたたくこと。そして、謙虚に、素直に稽古を積み重ねること。

また、それとともに、どこまでも学ぶ心をもち続ける強い意志こそが必要なのです。

それが結局は、一つのものを自分のものにするための、遠まわりのようでいて一番の近道なのです。その過程のなかから、次第に自分なりの新しい世界が拓《ひら》けてくるに違いありません。

変わり続ける美

いけばなは時とともに移り、場所とともに変転を重ねてきました。生活の移り変わりにしたがって生き続け、変わり続けているのが、いけばなの姿です。しかし時代が変わっても、日本人がもつ精神は変わりません。天文十一（一五四二）年に書かれたと伝えられる『池坊専応口伝《くでん》』の序文に花の心を的確に述べた文章が残されています。花の心は昔も今も同じであることがわかります。

瓶《びん》に花をさす事いにしへよりあるとはきき侍《はべ》れど
それはうつくしき花をのみ賞して　草木の風興をもわきまへず
只《ただ》さし生けたる計《ばかり》なり
この一流は野山水辺を(お)のずからなる姿を居上にあらはし
花葉をかざり　よろしき面かげをもととし

端的に言うと、花は自然のものを、そのまま挿せばよいのではない。草木の風興のなかに生々しい真実を感じ取らなくてはならない、ということでしょう。

ノーベル文学賞を受賞した川端康成氏が、『池坊専応口伝』の一部を引用して、「美しい日本の私」と題する記念講演のなかで紹介したほど、この花の心は日本人が変わらずにもつ伝統的な精神なのです。

対して、古代エジプトの壁画やルノワールなどの西洋画には、つぼに花を挿したところが描かれています。古代からずっと、挿すだけで花の生け方に変化がないと言えるでしょう。そこに自然の風興はありません。生けることと挿すこととは、このように違うのです。

いけばなは、今日的な実生活との結びつきによって生きています。ですから私は、長い歴史の重圧を感じながらも、いけばなの造形が直接明日の生活につながるものであることに大きな喜びを感じます。

―以下略―

いけばなが記録に見え始めてから五百有余年、代々の祖先は京都のまん中と言われる六角堂にあって、長い歳月をいけばなに明け暮れてきました。特に室町の中期から約三百年のいけばなの歴史は、祖先とその門葉の記録によって埋められています。また、江戸後期から現代にいたる約二百年の歴史も、池坊歴代のいけばな開拓の事蹟《じせき》に満ちています。人々の生活が、時代によって激しい変転を経ても、それに適応するいけばなの新しい形式を生み出しました。実生活に結びついた美しさを、いけばなの形の上に具現してきたのです。

祖先といっても、文献で見る古い祖先は何か遠いところの人のようです。ほかの歴史上の人物に対するのと少しも変わりません。特に身近な人としての実感が湧くこともありませんが、時折、土蔵のなかに入って古い記録を探していると、曽祖父である専正《せんしょう》が朱書きを入れた古文書を手に取ることがあります。にわかに身近な人に触れた思いがします。

六角堂は、いまや名実ともに近代都市と化した京都の市街地に囲まれて騒音のなかに包まれていますが、時折、ハタと訪れる静寂のなかに、祖先を思う心が広がります。

古い道統のなかに新しい芽を育ててきた彼ら、明るく高雅な生命への期待に一貫する精神的な基盤、生活に密着した新しい形式の創造に集積された努力、これはそのまま今日の命題となります。

私は今、ひたすらに、現代の心を生けることを心がけています。

初心に立ち戻る

いけばなは芸術かどうか。

先述したように、かつて私は芸術であると思っていましたが、その後は「いけばな芸術論」に疑問を抱きました。

なぜなら、「いけばなが芸術か、芸術でないか」は、私のように花を生ける立場にいる者が自ら決め、広言するものではないからです。いけばなの外の世界にいる人が、冷徹な目で見、いけばなの何ものにもかかわり合わない心で接して、芸術かどうかを決めるものであると考えています。

たしかに、いけばな作品では形の美しさも無視することはできません。しかも美しい形とはどういうものかと開き直ってただしてみると、そこには必ず、よって来たるところがあります。

いけばなには、日本の遠い先祖からの心の流れが脈打っています。たとえば、池坊のいけばなには長い歴史があると言われ、事実、そうした歳月の積み重ねが、今日、私の存在を可能にし、私の作品の支えともなっています。

しかしこの伝統の重みを、芸術論にすりかえてはいけません。池坊の長い歴史をただ尊ぶというだけなら、いろいろな歴史上の物を保存する博物館や考証館を尊ぶのと同じことです。古いものが、その姿をそのまま残し、歴史の証となっていることはすばらしいことではありますが、それは〝芸術〟とは何のかかわりもありません。

博物館、美術館にあるものが、芸術品と認められるには、古いということとは別の〝何か〟――、人の心に訴えかけてくるものが必要なのです。つまり伝統や歴史の重みが現代に生きていることに魅力があるのです。そうでなければ、伝統も歴史も、単なる過去の形骸《けいがい》にすぎません。

では伝統を今日に生かすものは何でしょうか。古くから伝えられた形をまったく、寸分の違いもなくかたどってみたところで、伝統を生かしているとは言えないのです。

ひと言で言うなら、〝初心とは何か〟をまず考えることです。私たちの先祖が、花を生けようとしたその動機、その瞬間の心に思いをはせ、今の自分の心を静かに澄ませて、先祖たちの心に帰ることです。

たとえば、木と草花とを生けるとき、木は後ろに、草は前に生けよという教えがあります。これは木を強いもの、草を弱いものと見て、その力のバランスをはかるためであり、そこに美しさが生まれてくるのです。

また、いけばなでの四季を考えてみると、寒い季節には暖かく感じさせる花を、暑い季節には涼しく感じさせる花を生けます。これは、言うまでもないことです。しかし、そこに生ける人の心と、見る人の心とが互いに寄り添っていくから見る人に美しさを感じさせるのです。

スイセンは、寒い陰の季節に始まり、陰の季節に終わるのが〝掟《おきて》〟とされます。仮に将来、花の栽培技術が進んで、暖かい季節にスイセンを咲かすことができたとしたら、寒い冬の日にスイセンを生けるときの、生ける人、見る人の心に通ういたわりは失われているでしょう。現代は科学の進歩によって、チューリップが冬に咲いていたり、マーガレットを四六時中見ることができたりします。しかし、それは、人間が自然をごまかしているだけで、チューリップは、長い冬を土中でじっと耐えて春に伸び、花を開かせてこそ、その花の生来の姿があり、花の生きがいがあるはずなのです。それを思いやりもせず、人の意のままに花を咲かせ、自然を操ろうとするのは、人間の思い上がりではないかと思います。

いけばなの美しさは、このような心遣いを離れては考えられません。そして、その心遣いは、自然を素直に受け入れることであり、自然をあるがままの姿で生かすことに、花を生ける初心があります。

これがまた、生ける人、見る人の心をやさしく満たすことになるのです。

伝統を生かす

池坊のいけばなには、長い歴史がありますが、そこには遠い昔から、師から弟子へと受け継がれてきた心が、今も脈打つように流れています。

たとえば、花屋で花を選ぶときには、「美しい開花よりも、つぼみを選びなさい」と教えられます。これは、今、目にする華やかな開花よりも、これから花を開こうとするつぼみに対する想いを育てることになるでしょう。

また、いけばなでは、苔つきの木、風雨にさらされた曝木《しゃれぼく》など枯れた木も生けますが、枯れていても生命のあるものとして扱います。したがって、その木や曝《しゃれ》は、松であれば松、ヤナギであればヤナギ、カエデであればカエデの生木を添えて、その本体をはっきりさせるのが決まりです。

こうした扱いは、本体があってはじめて変化がある本来の姿を見せることで、枯れてはいても春になれば芽ぶき、新しい世代となって新生する、未来への生命の期待が秘められています。

これが、見る人の心を打つのです。

伝統があることの最大の価値は、そこに先人の知恵が凝集され、人の心に訴える何かがあるということです。単に古いから値打ちがあるのではありません。優れた先達が、それぞれの精魂を傾け、心血を注いで道をきわめようとしたエッセンスが集約され、受け継がれているからです。

伝統とはそれほどに価値のあるものですが、その反面で、常に形式主義的になるという危険性をもはらんでいます。

伝統を生かすということについて、一般的には、古くから伝えられたことを寸分の違いもないように実践し、次の世代に伝えていくのが第一である、とする考え方があります。

しかし私は、いけばなについては、古くから伝えられた形を、寸分の違いもなくなぞってみても、それは伝統を生かしたことにはならないと考えています。それは単に古い〝形〟にとらわれた姿です。

いけばなに伝えられているさまざまな伝承や技術は、その源を探ると、日本の文化の根源ともいうべき考え方につながっています。しかし通常、その形や技術には、それが成立した時期の時代相をともなっています。したがって、時代の移り変わりによって、形が本来の心を示すことができなくなったものについては、その心を取って新しい造形の上に生かすことが必要になります。それが、先人の心に帰ることであろうと思うのです。

伝統というものは、ただ、形を受け継ぐだけではなく、そのなかに流れる心を生かし、次代へ正しいあり方をもって伝えるものなのです。

後世に伝える任務

華道をはじめ、茶道、能楽といった日本の伝統芸能、文化の多くが家元制度を用いています。家元とはいったい、何をしているのかよくわからない、何か古めかしく、封建的で悪弊だ、と思われている節もあるようですが、はたして家元制度とは無用のものなのでしょうか。

私は、池坊という伝統ある華道の家元として、長年「家元とは何か、家元はどうあらねばならないか」を考え続けてきました。

家元とは、まるで搾取《さくしゅ》ボスのような悪玉なのでしょうか。それならば、どうしてこれまでの歴史において世の人々から淘汰されず、今日なお存続するのでしょうか。

私は、家元制度があったからこそ、華道はこうして長い歴史の中に継承されてきたのだと、言いきりたいのです。家元制度は必要なのだ、と。

古来、世界に誇りうるものが少なくなかった日本の伝統芸能は、残念なことにその多くが継承者もまれで、すでに滅びてしまったもの、滅びようとしているものが多くあります。そうした滅びゆく伝統芸能を見ると、ほとんどが、一時的な継承者しかいなかったのです。

先祖から子孫へと伝統を継承できた理由こそが家元制度であり、だからいけばなは滅びることなく、今日に伝えられてきたのです。人から人へのいけばなに対する信念と自覚のリレーが、いけばなを過去のものにとどめず、未来のものとしたのです。

家元制度が公式にできたのは江戸時代、文化・文政時代のころと言われています。池坊は〝花の家〟として室町時代後期からの長い伝統があります。その目的はいけばなの神髄を後世に伝えることで、家元自身の生活のためではありませんでした。昔の人はほかに本業をもっていて、それで暮らしをたてながら精進を重ねたものでした。

かつて、ある茶華道研究家が亡くなったときのこと。その人は非常に優秀で、花と茶の文献をたくさん集めていました。ところが遺族はそういった文献に関心はなく、こんなものをもっていても仕方がないと、すぐに売りはらってしまったのです。死後、その仕事を受け継ぐ人がいませんでした。後継者のない悲劇です。

私のほうにも、おびただしい古文献があります。文化財に指定されるほどのものではないけれど、少なくとも希少価値はあるから、もし私が売れば、かなりの金額に換わるでしょう。しかし私は、どれほどお金に困っても、古文献を処分する気持ちにはなれません。なくなれば後の世の人が困るからです。いけばな社会にとって必要なものである以上、身を賭《と》しても守るのが私の使命だからです。

『廻生巻《まわりいけ》』という伝書があります。たくさんの人が一堂で花を生けてその腕を競い合う花の会を伝えていますが、最近まで絶えて久しく行なわれていませんでした。このため、その細かな作法を知っているのは、もう高齢の方々ばかりで、生きておられる方は、ごくまれとなりました。もちろん伝書には、生け方、拝見の仕方、飾り方、客の招き方などが一応説明されていますが、一つの動作から次の動作に移る細かいところは、書かれていないのです。

このように昔から伝わった行事でも、行なわれなくなれば滅んでしまう。これを残すためには、伝える人がいなくてはいけない。

その任務と責任を負っているのが、家元なのです。

いけばなを学ぶこと、また教えることとは、単なるいけばなの形を学び、教えることではなく、花をとおして師の心を弟子に伝え、さらに先祖の魂のありかを知って子孫に伝えること。

家元は、その心の継承者であり、その心が常に正しく多くの人々に伝えられ、さらに未来へ広がっていくかどうかを冷静に見つめていなければならないと思います。

多くの人たちが踏みしめてきた日本の心が、次々と移り変わる時代背景のもとに、その時代の言葉でもって正しく理解されるよう、常に学び、きわめ、苦しみながら真を追求し続けねばならないのです。

付章◈父と娘の往復書簡

由紀へ

「女の子さんですよ」

由紀が生まれたときの看護師さんのこのひと言は、その底に言い知れないものが含まれていた。賢い由紀には、よくわかると思う。

由紀は、日本文化であるいけばなの、曲がりなりにも大きな流派を背負う身だ。しかも、五百有余年続く歴代の宗匠のなかで、はじめての女性の家元となる。

まことにたわいない、いけばなの世界ではある。数え上げればきりがないほどの流派があるし、消えていったものも少なくない。ましてや、現代の状況下では、いけばなの世界はときには斜陽と見られる。ところが私が独り立ちした時期が時代の要請にうまく合致したのか、おかげで池坊は大きくなった。

昔、支部のあいさつでこんなことを言った記憶がある。

「池坊という名がつく者は、少なくとも私たちとその家族しかおりません」

何も自慢したわけではない。ふと口をついて出た言葉である。「池坊」という、戸籍上にもしっかり載っている家名は、仕方がないが継いでいかねばならないと思う。

「封建制度を廃止すれば、そのようなものはなくてもよい」

そのとおりだ。しかし私は、古い時代を生きてきた人間だ。頭のなかで、家という古いしきたりは失われつつあるとはわかっていても、池坊の名には愛着がある。父が、いや遡《さかのぼ》ってはるか昔、広大な六角堂のなかの一人の執《し》行《ぎょう》がこの名を名乗っていたと思うと、言い知れない懐かしさをおぼえる。池があり、そこに坊があったから池坊と名乗ったという素朴な先祖が、まるで自分のところに還ってきて話しかけてくれるようだ。笑われても、顔をしかめられてもいい。年寄りとして、素直に池坊の名が、これからも続いてくれればうれしい。

由紀は、常につきまとうこの名を、捨てたい、変えてみたいと考えた時期はなかったろうか。生まれた瞬間から池坊という名のついた由紀に対して、私は特別、次の家元になってくれればという気持ちは抱いていなかった。ふつうの女の子としてかわいいと思った。今もそうだが、由紀は口数の少ない娘であったようだ。何を考えているのだろうかと思ったこともあった。

私は動物好きだ。父も好きだった。生きるものは、草花はもちろん、道端にヒョイと飛びだすカエルにいたるまで、こよなくかわいいと思う。

「私は人間よ」

こう由紀は言い続けてはいまいか。そのとおりだ。だから女であろうと男であろうと、私の子どもだと思えばうれしかった。

男も女も変わりはしない。子どもは、自然が私に与えてくれた宝物だ。遠慮せず、大きくなってほしいと願った。しかし私は、そのような甘い言葉をうまく言えない人間なのかもしれない。ひと言、

「女でよかった」

こう声をかければ、由紀は何でも話す娘になっていたのかもしれない。

何も言わず、ひたすら勉強していた。それが、私への反発ではなかったろうか。私には、小さいときに片親を亡くしたという、つらい思いがある。せきたてられて、わけも理解できぬまま大きな荷を背負った。私の、父に対する記憶は十一歳で終わっている。あるいは、美化したまま、理想像としてとどまっているのかもしれない。

由紀には、私という父親がいる。どうして満足してくれないのか、どうすれば明るい、こだわりのない言葉を返してくれるのかと思うこともあった。

私は抵抗を知らない人間だ。わけもわからぬまま住職になり、四十五世を継ぎ、若者から年輩者までの広い層の門弟さんの前で、なす術も知らずじっと立ちすくんできた。他人から批判されるのは、私の役目だと思っている。それに対して何も返そうとしないから、ときには冷たいとも評される。けれど、本心、どうしたらいいかわからない場合が多い。黙ってしまう。

由紀の沈黙は、私のそれとは明らかに違っている。私がどのようにかわい

いと思っていても、好きにさせても、そうすればそれだけ、

「私のことをパパは……」

と、考え込むのだろう。

由紀が勉強がよくできることは、とてもうれしかった。嫌だけれど仕方ないとがんばっているのではなく、新しい世界に関心を抱いているのだということを知って、なおさら喜んだ。私にとっては、学校はあまり楽しいものではなかったから。

私はわが娘について、誰はばかることもなく、優等生であると言える。親なら誰でも抱く不安が、少なくとも一つ消えた。よかった、私より出来がよい、と。

安心のしすぎだったのだろうか。由紀は、放っておいても大丈夫、しっかり育つと思った。これはおそらく子どもにとっては、親の、いや父親という男性の独りよがりであったかもしれない。

もっとかまってほしい、私の言うことにカミナリを落としてほしい、そう

心のなかで叫んでいた由紀が、かけ値なしの姿だったのだろうか。

申し訳ないと思う。

私には、どうしてよいのかわからなかったのだ。出来のよい娘をもった、不出来の父親を許してほしい。

いけばなは、由紀の時代に入ったときどうなるだろうか。私の手に負えなくなったものを、そのまま由紀にゆだねることは、実に心苦しい。しかし、それぞれの世代にはその時代を生きてきた知恵があるのだから、無用の心配かとも思う。

困ったら、困った顔をすればよい。ああ、これほどしかできないのかとがっかりすれば、子どもがいる。由紀は母親であり、子どもという大きな財産をもっている。おおらかにかまえて、これはできると思えば実行すればよい。だめだと思ったら、くよくよ考えずさっさと逃げ出せばよい。

ただし、由紀の背後には門弟さんがいることを忘れてはいけない。彼ら、彼女たちの心をいく分かでも楽にして、希望をつなぐ役目をする手がかりを私から得てほしい。父親の私には、それしかできない。

若いころは、反発して当たり前だ。快く思ってないことが大部分かもしれない。

それでもいつか年を経て、多くの体験をした門弟さんたちの話が自然に耳に入るようになったとき、私の言うことも少しくらいはわかってもらえるだろう。

父親とは、母親とは違って役に立たない存在であるが、男親の繰り言と思っていつか思い出してほしい。

池坊専永

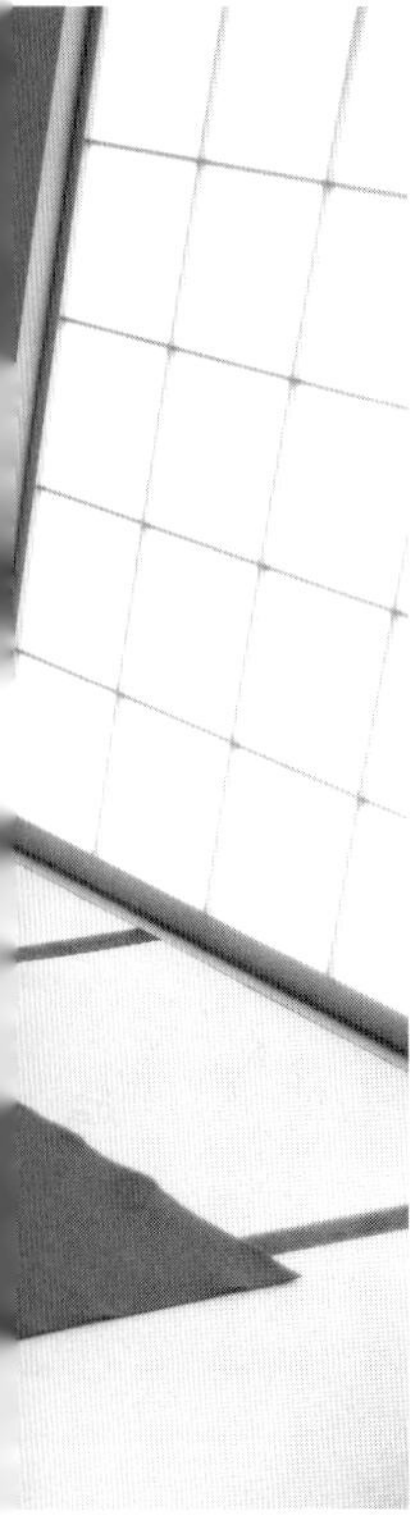

「池坊新春初生け式」で花を生ける著者（右）と次期家元。

娘から父へ

仕事をしだしてから、共通の話題が増えた一方で、「宗匠」と呼ぶことも増え、ほんの少しの緊張感がいつも私たちの間に流れているように思います。

これが同じ道を生き、跡を継ぐということなのでしょうか？

私が得度したとき、パパが、

「結婚して家庭をもったとき、その両立に苦労するでしょう」

と予言しましたね。

この二十年間を振り返り、本当にそうだった。いつも時間に追われ、一つひとつのことを急いで見、急いでしてきたみたい。

ゆっくり見たり、食べたり、ぼーっとした記憶がないのは、年による物忘れにしてはまだ早すぎるでしょう？

目の回るような二十年のなかで、妹の美佳も一緒に、なんてことない会話をするのが楽しくて、そしてなんてことない時間を過ごすのが幸せでした。思い出や記憶は特別な出来事ではなく、ささやかなありふれたことにこそ宿るのね。

パパがアトリエで制作するとき、次はどんな花ができあがるのか見ているのも興味があって、そのときだけはいろいろなことを忘れて、いえ、「こと」だけでなく、今ここにいるという感覚さえ越えてゆっくり時間が流れていく。それが西へ東へと、各々が忙しくすれ違いの多い私たち親子のコミュニケーションですね。

「平凡が一番難しい」

と言ったパパの言葉が印象的できっと一生忘れないでしょう。

人から見れば、長い歴史をもつ家元という特殊な家に生まれ、でもその重さを十分に理解しつつも、常に自分は一人の人間であるというその平凡さを自覚するということ。特殊性ではなく、ありふれた普遍性に目を向ける視点。一人の人間として、京都の季節や行事や、そこにある人の思いに逆らうことなく、それを大切にし、生活を豊かにして生きてきたパパの強さとしなやかさを感じます。その強さとしなやかさを私がもつことができたとしたら、女性初の家元になるであろうことも、もはやそれ以上でも、それ以下でもない一つのことにしかすぎないような気がします。

未来は読めないけれども、おそらく代々の執行がそうしてきたように、私も池坊の歴史のなかで生き、年を重ねていくのでしょう。

そう思うことが私に勇気をもたらしてくれます。

パパ心配しないで。自分がすこやかに楽しく生きることだけを考えて、よい時間を過ごしてください。

池坊由紀

参考文献

・『お花に強くなる１８０の知恵』講談社、一九七三年一〇月
・『愛のいけばな作法』講談社、一九七四年一一月
・『花よりもなお美しく』ＰＨＰ研究所、一九八四年三月
・『花の美とこころ』講談社、一九九六年三月
・『花を生かすいけばな』講談社、一九九六年一〇月
（以上五点、池坊専永著）
・『花のこころ』毎日新聞学芸部編、光風社書店、一九七二年四月

〈著者略歴〉池坊専永（いけのぼう　せんえい）

1933年、京都市生まれ。華道家元四十五世。紫雲山頂法寺（六角堂）住職。同志社大学卒業。1945年、父の死に伴い、11歳で華道家元を継承。1974年、個展を開催、1977年、従来の概念にとらわれない新しい花の形である「生花新風体」を発表。以降、国内および世界各地でいけばなの指導、普及に尽力。2006年、いけばな界初となる旭日中綬章を受章。(財)日本いけばな芸術協会名誉顧問。2015年、家元継承70年を迎えた。

麗《うるわ》しい生き方
たおやかな花のように

2016年９月16日　第2版第1刷発行

著　者	池坊専永
発行者	池坊雅史
発行所	株式会社日本華道社 〒604-8134　京都市中京区烏丸三条下ル 池坊内 TEL.075-221-2687（編集） TEL.075-223-0613（営業）
編集制作	株式会社PHPエディターズ・グループ
編集協力	日本華道社編集部
本文デザイン	小山比奈子
印刷・製本	図書印刷株式会社

ISBN978-4-89088-106-2

日本華道社の本

華道家元四十五世

池坊専永 新風体総論

池坊専永［著］

家元継承七十年を機に、生花新風体、立花新風体と、自ら生み出した「新風体」の神髄と目指すところを、最新作への想いとともに解説する池坊門弟必読の書。

定価 一、四〇〇円＋税